FREELANCING 101: LAUNCHING YOUR EDITORIAL BUSINESS

RUTH E. THALER-CARTER

WITH ROBIN MARTIN

THE-EFA.ORG

266 West 37th St. 20th Floor
New York, NY 10018
office@the-efa.org

ISBN paperback   978-1-880407-35-6
ISBN ebook   978-1-880407-36-3

Freelancing 101: Launching Your Editorial Business, by Ruth E. Thaler-Carter with Robin Martin

Published in the United States of America by the Editorial Freelancers Association.
Subject Categories: Business Development | Business Mentoring & Coaching | Careers | Publishers & Publishing Industry | Writing/Business Aspects |

Legal Disclaimer

EFA Publications Director: Robin Martin
Copyeditor: Sarah Breeding
Proofreader: Stefanie Molina
Book Designer: Kevin Callahan | BNGO Books
Cover Designer: Ann Marie Manca

Contents

List of Figures

Opening Thoughts

Welcome to editorial freelancing! Being an editorial freelancer appeals to many writers, editors, proofreaders, indexers, photographers, graphic designers, desktop publishers, and other professionals, and even to people with no training or experience in editorial work who just "like to read" or "always notice errors in signs and books." Being an editorial freelancer takes a variety of professional abilities, personal attributes, and business skills. You will find the essentials for developing all of these in this booklet.

The landscape of freelancing has changed dramatically since the first edition of this booklet. On the one hand, the gig economy has taken a greater role in the world of work: Consolidation in the publishing industry and the journalism profession make it harder for editorial professionals to find in-house jobs, and many younger people are relying on part-time jobs, juggling several at once, and often aiming to freelance without first working in traditional nine-to-five environments. On the other hand, legislation such as 2020's AB5 in California could endanger freelancers' careers. Be sure to check your state's guidelines for what constitutes a freelancer or independent contractor.

This publication grew out of a workshop developed by the author for the Editorial Freelancers Association (EFA) and in response to ongoing requests from EFA members for such a compilation of advice and experience. This booklet should fill a gap for those who cannot attend such events, need the information when such events are not available, or would like more detail than such workshops can provide.

Although the majority of the information in this booklet relates to full-time freelancing, much of it also applies to freelancing while working at a regular job. Because the authors are writers, editors, and proofreaders, many of the specifics relate to these editorial niches, but again, much of the information applies to people working in all aspects of the editorial world and even to those in entirely different professions.

Pros and Cons
of Freelancing

The Pros

Lots of people want to be freelance writers, editors, and other types of independent editorial professionals. Many people who work in-house in editorial capacities dream of becoming freelancers. Why become an editorial freelancer? Here are a few good reasons to give this lifestyle some thought, if not a try.

Freedom. Being an editorial freelancer means having the freedom to do the kind of work you prefer, in the hours and settings you enjoy, for the clients you select. No one can tell you what to work on and what not to pursue. If a topic or project doesn't appeal to you, you can turn it down. If a client comes across as unpleasant or overly demanding, you can tell them no. If there's something new you'd like to try, you can do that.

Flexibility and personal style. Doing editorial work on a freelance basis means you set your own schedule and work as much as you desire. You are not locked into a routine; you can do your work at 3:00 a.m., or whenever you are most productive, and in whatever feels comfortable. Depending on your current work and deadlines, you can put in a few hours a day (although there may still be times that you put in twelve hours at a time) and take entire weekdays off. With a laptop and Wi-Fi, you can work on a balcony in Hawaii or at your parents' dining room table if the need arises.

If your personal work style is informal or offbeat, freelancing gives you the opportunity to indulge that style. If you work best on your own, at odd hours, in your pajamas, with your cat on your feet or dog at your side or child in the next room, editorial freelancing may be for you. As long as the work gets done, done well, and done as promised, for the most part, no one cares how or when you do it.

A non-corporate lifestyle. If you do not enjoy an office environment or culture, there is good news: Editorial freelancing means functioning outside the corporate mindset or location. You will not spend half of every day commuting in traffic. No more office politics. No more suit and tie or pantyhose and makeup. No more cubicles. No more time-wasting meetings. No more supervisor breathing down your neck. No more toxic coworkers. While you will not be able to walk away from deadlines or responsibilities to clients and colleagues, managing these yourself will feel entirely different.

More time for your partner or family. Ideally, once you have gotten established, your freelance editorial career can give you more time to spend with family and friends. Deadlines still come first, of course, but it should be easier to balance work time and personal time with the people and activities you love than it would be if you were at the beck and call, and immersed in the structure, of a "regular" job.

More variety and less boredom. Being an editorial freelancer can mean that you have the ability to organize a variety of assignments, or do more than one kind of work, so boredom becomes less of an issue than it might be in a regular job where you only work on one topic. I like to say that as a freelancer, I'm never bored.

Fewer limits. As an editorial freelancer, you are in charge of how much work you do and, to a great extent, how well you get paid for that work, assuming you develop strong skills in negotiating (and a good sense for which clients or projects might be problematic). That means there are fewer limits to your income. You should be able to increase your rates regularly and continually find new projects to enhance your income. As you become established and sought after, you may be able to work less while earning more. How that equation plays out is largely up to you.

Interests and opportunities. As a freelancer, you can focus on work that reflects your own interests and create your opportunities. A regular job may offer limited depth or breadth of interest, and may restrict how far you can advance or what tasks you can perform. Freelancing has no such restrictions.

More control. Today's workplace is no longer a secure environment. You could easily get pushed into "involuntary freelancing": fired, laid off, and affected by workforce reductions at a whim and a whistle. Downsizing, corporate restructuring, budget issues, overloads, and eager new hires becoming competition all conspire against the classic job-for-life model. Companies that were part of the industrial landscape for decades, even more than a century, suddenly no longer exist. Freelancing can have its ups and downs, but it is essentially *your* life to structure, plan, and control. (Keep in mind that it is important to have more than one client or project in hand at any given time, so if one project goes bad or one client lets you go, it won't be quite as traumatic—either emotionally or financially—as losing a full-time job.)

Personality issues. Not everyone is cut out for the standard office routine. If you are not comfortable with office politics, weekly birthday cakes, or the cubicle life, freelancing may be a better option for your professional life.

Burnout. Being in the same job for too long may lead to burnout as well as boredom, and no one does their best work in that condition. Having a variety of projects means that your work doesn't become a chore. As a freelancer, you can look for projects that are interesting, and let go of ones that drag you down.

The Cons

Despite all the good reasons to be a freelancer, there are reasons *not* to freelance. While the freelance editorial lifestyle can be a wonderful one, it is not for everyone. Before you commit to freelancing on a full-time basis, be aware of these potential issues.

Self-discipline. As a freelancer, you are in charge of your work life, so you need the discipline to find work, organize it, do it, and meet deadlines without someone cracking the whip to ensure you do so. If you are not disciplined enough to manage your projects and time on your own, rethink the freelance option, especially as a full-time effort.

Working alone. Anyone working in an office is used to having colleagues in the same room, down the hall, or otherwise at hand to call on for help with a knotty problem or to share a laugh over especially clunky language. Freelancing means working on your own, without an office family, company for coffee or lunch, gossip at the water cooler, or someone else's brain or bookshelf to consult. If you need that interaction with colleagues throughout the day, freelancing may not be for you (although you can get a lot of that through online discussion groups nowadays, as well as in-person connections through conferences and local meetings of professional organizations).

Working more. When you first launch your freelance business, you will probably do more work, and work harder, than you would in a full-time job. It takes time to build up enough clients and projects to be financially secure, and it takes effort to do the marketing, filing, and other aspects of being in business that are not factors when you have a regular job. Be prepared for at least a few months, if not a few years, of working more and harder as a freelancer than as someone else's employee. Some clients may expect you to be available almost around the clock, so you might have to be firm about setting limits for when you are available—that is part of self-discipline. Just because you do some work at 9:00 or 10:00 p.m. (or 2:00 or 3:00 a.m.) or over a weekend does not mean your clients should assume or expect that you will routinely do so for them. Setting, standing up for, and educating clients about those parameters can be a challenge.

Several bosses. If you have trouble dealing with one boss, be aware that freelancing involves interacting with several "bosses"—that is, clients. The smart freelancer has more than one client, and that means figuring out the personalities, quirks, styles, and preferences of more than one boss.

Covering costs. Your first few months or first couple of years as a freelancer may not be as lucrative as you expect. Not only does it take time to build up your freelance business, you also will be responsible for the expenses of a business; your supplies, equipment, programs, memberships, furnishings, and resources all come out of your pocket. You can claim all of these items as business deductions when you file your taxes, but that comes in the new year, and first you have to find the funds to obtain them.

Hard work. Freelancing is work—*hard* work: not just doing the writing, editing, proofreading, indexing, designing, and so on itself, but finding projects, disciplining yourself, keeping your own records, negotiating decent rates, interacting with clients, overcoming isolation, and more. Some freelancers find good projects and clients fairly quickly and easily; others struggle to keep going. To find and keep your clients and expand your freelance business, you'll have to be proactive rather than reactive.

Selling and pricing. Being an editorial freelancer means you are selling yourself and your skills, which means figuring out how to price your services. You can succeed as an introvert, but you have to be prepared to develop a level of assertiveness and confidence in marketing yourself. Shy and retiring personalities can do great work, but may have trouble finding that work and getting paid appropriately for their abilities.

Competition. In this day of ever-more outlets for writing and other editorial work, the skilled professional used to getting paid reasonably well has increasing competition from people willing to do editorial work for next to nothing. It is not just that more venues pay less; some people are willing to go along with such treatment. That makes it harder for some freelancers to insist on good rates and professional behavior from clients. Brace yourself for this reality. Remind yourself that well-paying opportunities are out there and that there are hundreds, if not thousands, of freelance outlets waiting just for you that pay what you deserve to receive.

Office politics. Even though you are no longer in an office and subject to day-to-day office politics that affect your productivity or peace of mind, you will still be vulnerable to it. Whatever the grapevine has to say, you will not be plugged into it, so things could happen to the people you work with without your knowing about it until after the fact. The editor to whom you report could be fired, demoted, or replaced; the business that is your main client could be sold, closed down, or repositioned; a new staffer could come in who feels threatened by you or has their own preferred freelancers and will give them what used to be your assignments. That's one reason why you need more than one client at all times.

Record keeping. One of the least inviting aspects of freelancing is that you will have to keep your own records, do your own filing and billing, and manage your own business overall. It is no fun to be your own secretary, but it is necessary. You could hire someone to handle these mundane details, but that cuts into your profits and might be more trouble than it is worth.

Scams. Beware of editorial scams. They proliferate at every turn. If you belong to an organization like the EFA, you can ask about messages that raise a red flag, and colleagues will chime in on whether you've received a legitimate opportunity. Among other resources, the EFA maintains information about recent scams on its website.

Signs of a possible scam include the sender's email address not matching the supposed client company's name, the message being in very poor English, or a check or money order for far more than the agreed-upon fee followed by a request to send back the "difference." A recent series of scams purported to offer editing work from Penguin Random House and Bayer Pharmaceuticals, but the messages were from Gmail accounts. They also requested an interview via Google Hangouts, which would be an unusual first step in hiring a freelancer. (On the other hand, nonnative English speakers might send requests for editing or proofreading help in nonstandard English, so don't automatically assume all such messages are scams.)

Rip-offs. At some point, you *will* get ripped off; it is inevitable. A client may not pay or may take so long to pay that it affects your financial stability. Someone might undercut your bid or proposal. Someone may steal your work or client. There are ways to protect yourself against most of these problems, or to recover from them, but only a Pollyanna will go into freelancing without being aware of these potential headaches.

Types of
Editorial Freelancing

There is an editorial freelancing niche for almost anyone with experience working with the written word. These are some of the services or activities that your freelance editorial business can offer. For greater detail about what each skill might involve, consult your local library, colleagues, the internet, and — if you're a member — the EFA Discussion List.

Among the genres, niches, or specialties you can offer as an editorial freelancer are the following:

- Writing (fiction, journalism, trade, science, commercial copywriting such as advertising, etc.)
- Editing (substantive, developmental, line, and copy)
- Proofreading
- Book production and project management
- Indexing
- Marketing and public relations
- Graphic design
- Desktop publishing (publication design and layout)
- Website design, management, and content writing
- Photography
- Translation and interpreting
- Publishing (acquisitions, permissions and copyright, other people's books, etc.)

- Fact-checking
- "Dejargonizing," Section 508 accessibility, and Plain English enhancement
- Sensitivity reading

Skills, Tools, and Personal Characteristics of Freelancers

For many editorial skill sets, there are no degrees, although professional certificates are available from universities and professional organizations. This can make it easier to enter the editorial field but harder to know what skills you need and to establish credibility with prospective clients. You may already have found your niche and developed essential skills, but if you have any doubts or are considering adding new services to your business offerings, here are the basics of what it takes. (You may not need all skills for each niche—for instance, someone who edits only on screen may not need to know how to use proofreading marks on paper.) Again, for greater detail, ask colleagues, do more research on the internet, and see the resources provided later in this publication.

Writing

- Knowledge of basic composition, grammar and usage, spelling, structure, organization, and transitions
- The ability to talk to and interview all kinds of people
- The ability to organize information, resources, and so on
- The ability to express ideas and relay insights in clear, interesting language and a unique voice

- The ability to follow a style appropriate for each publication
- Research skills
- Integrity and accuracy (in relaying quotes and stating facts)
- Creativity
- Originality
- Curiosity
- Flexibility

Editing

- Excellence in spelling, grammar, punctuation, and usage
- Understanding the elements of the craft of writing
- Expertise with leading style guides such as the *Chicago Manual of Style*, Associated Press (AP), American Psychological Association (APA), U.S. Government Publishing Office (GPO), American Medical Association (AMA), Modern Language Association (MLA), Council of Science Editors (CSE), and *Wired*
- Knowledge of proofreading and editing marks
- Clear handwriting for editing on paper
- Possession of and skill in using Microsoft Word, especially the Track Changes and Styles functions, and possession of and skills in using the editing and proofreading functions of Adobe Acrobat
- The ability to structure and clarify convoluted, unclear, or disorganized material
- A detail-oriented mindset
- Tact (for dealing with authors and clients)
- Knowledge of the different levels of editing and editing versus proofreading

Proofreading

- An understanding of the difference between proofreading and editing
- Excellence in spelling, grammar, punctuation, and usage
- Attention to detail
- Knowledge of proofreading marks and clear handwriting for proofing on paper

- The ability to use the proofreading tools in Microsoft Word and markup tools in Adobe Acrobat
- Familiarity with leading style guides

Indexing

- Skill in and possession of appropriate software programs — Cindex, Macrex, Sky Index, and XyWrite
- Excellent attention to detail
- Training in the process

Desktop Publishing

- Knowledge of readability, typography, layout, and production
- Possession of and skill in appropriate software programs — InDesign (formerly PageMaker) and InCopy, Quark XPress, Illustrator, Photoshop, Acrobat, and Affinity

Graphic Design

- An eye for shape, color, and impact
- Ability to express ideas in pictures and images, including charts and diagrams
- Possession of and skill in Illustrator and Photoshop, other graphics software programs, and desktop-publishing programs
- Knowledge of typography and readability

Permissions

- Ability to track down and confirm owners of copyright for text and images
- Knowledge of copyright, fair use, and libel limits for text and rights for photos and other artwork
- Understanding of when to use trademark and registration symbols

Research

- Understanding of when and how to find and confirm information (the "rule of three" — beyond a Google search)
- Access to major libraries and online resources

Translation and Interpreting

- Fluency in at least one language other than English
- Ability to retain and convey the style, tone, and intent of original material, as well as communicate a speaker's style and tone while taking cultural and dialectical differences into account

Website Development

- Knowledge of web readability elements
- Knowledge of HTML, coding, search engine optimization, keywords, cascading style sheets, and so on
- Skill in using and possession of web design programs such as Dreamweaver, Squarespace, WordPress, Wix, Weebly, and FrontPage

How Colleagues
Got Started

Becoming a freelance editorial professional is an exciting, fascinating, daunting process. Editorial freelancers come from all kinds of original careers and backgrounds and take a variety of paths to building successful businesses. These insights into how members of the EFA got their starts and moved into rewarding, profitable, and varied approaches to the freelance life might prove inspiring.

I sold my first freelance articles while still in high school, with a column about happenings at my school that ran in the local weekly newspaper. I had several "regular" full-time jobs over a few years and kept freelancing on the side—after an "I quit"/"You're fired" situation taught me the value of always having a freelance project in hand. After a couple of years in a new position, I was burnt out physically by the daily commute and mentally by being limited to one topic every day. I used the resources of a professional association's job service and the chutzpah to convert my regular job into a freelance contract to go freelance full time.

I was lucky to be able to plan my permanent full-time freelance life, but I know that "involuntary freelancing"—getting started after being fired or laid off—is common. Being businesslike about my work was probably the first thing I had to figure out—things like networking, marketing, billing, and time management.

—Ruth E. Thaler-Carter

I'm an English major and former English teacher and college professor, and people just kept asking me (to do editorial work). I eventually started my own writing and editing business, and learned everything else "on the job."

—Pamela Hilliard Owens

I had a full-time job and was freelancing on the side. However, I had so little work to do that I did my freelance work during my workday. (This was when I worked in an office and then at home.) It was a cushy situation, but I was at my breaking point. I was about to suggest they cut back my hours (so I could focus on building up my own business before making the jump) when I was laid off. I've been a full-time freelancer since then, and I've never looked back.

—Beth Lasser

I worked in house while moonlighting and building up my clientele. I quit the day job in 2007 and haven't been back.

—April Michelle Davis

I went 100 percent freelance when I resented the time my "real" job was taking away from my real-real job. My real job wasn't bad, but it made no sense to turn down the work I really wanted. In more than twenty years, it hasn't come close to drying up.

—Carol Peschke

I was teaching at a community college full time and had just gotten tenure, but I decided it was time to become a full-time freelancer. I had poetry to write and a novel to complete, but I knew I couldn't do it working as 'professional staff,' which was a twelve-month, not nine-month, appointment, while doing the part-time freelancing to supplement my salary. I set a date for the end of the semester and handed in my resignation. That was more than twenty-one years ago, and I've been a full-time freelancer ever since.

It helped that my wife had a full-time job with good benefits, and that I occasionally took adjunct teaching jobs at the local college, but still there were some rough periods, especially the first couple of years. In fact, I almost gave it up and went back to teaching, but I got a magazine gig as managing editor that provided a nice base income for a number of years. I also added a series of newsletters to health professionals in various specialties to that. Both those are gone now, but I've got other regular clients that keep me going.

Sure, it gets rough once in a while, but when your livelihood depends on doing what you need to do to keep freelancing, you make yourself do it. I hate prospecting for work. But I do like being my own boss, so I prospect. And I work at staying focused.

How do you know it's time? When you know you will stay focused enough to get through the rough spots.

I've written and published a lot of poetry and short stories since I made the switch. Even have a book published and a second book about ready. The novel still isn't finished, but I'm happy with what full-time freelancing has let me do. You just have to say, "This is the time," and really mean it.

—Joseph Saling

Finances are an important aspect of freelancing. If you have a savings cushion, now may be the time to go for it. Freelance work can slow down or even dry up completely, but if you remember to keep a financial cushion for those moments and to market your services constantly, you should be okay. Without that cushion, you can start to feel desperate and are more likely to accept low-paying jobs, and clients can smell desperation. Here's how colleagues see this aspect of launching a freelance career.

I was laid off from my ad agency copywriter job some years back and banked all of my severance pay plus my tax refund. Landed consistent full-time freelance work in my former field immediately and made a lot of money over the next few years. I banked what I could and edited books on the side.

I eventually took a twenty-hour-a-week, on-site promo writing job with an online clothing retailer to go along with the editing . . . I was fed up . . . after a month. So I took the plunge, quit the part-time job, and one year later, I [was] finally charging a good rate . . . I hope to reach my bigger goal . . . by expanding the types of things I edit and doing a bit of copywriting.

The cushion is what gave me the courage to do it, but I've barely had to touch it. I made big lifestyle changes, including selling my house and downsizing, but it was all worth it.

—Nikki Busch

I don't think you can ever really know when it's the right time to go 100 percent freelance . . . I was working part-time freelance and part time with another company, and I just felt like the walls were closing in. I needed to go on my own, but I was struggling and not in a position to potentially have no income. I sort of continued to feel things out, and then in my mind I set a goal of starting [the new year] as a full-time freelancer. I don't think I ever *knew* it would happen, I just really *wanted* it to.

And then December came and I felt it. I needed to be my own boss. My energy would be ten times better spent doing what I love. For the first few months—January, February—I was in a bit of a struggle. I had projects, but I'd already been paid for them and basically used that money before I had booked the next one. Not really the best position. (Don't do this!) But I had time to market myself and use some connections and, by the end of March, I was booked for the next few months. I'm still constantly feeling like I need to book the next client, just for peace of mind, but I haven't thought about that other job (or its income) since January. Best thing I've ever done.

If you know you have work lined up and you *feel* it's the right time, do it. You'll churn out projects faster and you can use part of that new time for hooking your next clients. It will be scary no matter how prepared you think you are. If you are anything like me, you'll work harder the more you're in a panic.

If you feel better with a cushion, I suggest having at least three months' worth of rent/bills set aside.

—Katie McCoach

Keep your regular gig until you have a cushion. I get nervous if I have less than six months' worth of expenses saved up. Your number might be different. I was on the brink of striking out full time when I got laid off . . . Luckily, I'm already making enough money to keep my cushion nicely fluffy, and it's only been three months . . . Good preparation will help you make good decisions.

—Elizabeth Rubio

Preparing for the Freelance Life

There are several things you can—and probably should—do before you launch your freelance editorial business to give yourself a better shot at success.

Start Now

If you have a regular job and moonlighting is not against house rules, take on a couple of freelance projects now to get your feet wet, start building a savings cushion and a client base, and create a portfolio. This is especially helpful if your regular job is not in the editorial field and you can't use it to build credibility for your writing, editing, proofreading, indexing, etc., skills.

Analyze

Since many of the projects you do as a freelancer will be paid by the hour, now is also a great time to figure out your work speed. Knowing how long it takes to do things helps you decide how much to charge, as well as organize and manage your time, protecting you from taking on too much work—or too little. Start evaluating your skills and charting how long it takes to do various tasks that will be part of your freelance activity. Clock how long it takes to do interviews or perform research, create first drafts, refine and edit those drafts, and finalize writing projects; proofread or edit material; organize an index; create a couple of design sketches; or lay out a page of text and art.

Network

One of the most valuable skills for a freelancer is the ability to network. Start networking now! Look for organizations of both colleagues and prospective clients. It is not enough to be known by your peers; you also have to be known by those who might hire you or refer you to other clients.

If you don't yet have a LinkedIn profile, this is essential for a professional nowadays, so create one. Link with your colleagues, people with whom you have worked in the past, and folks you went to school with—send them a note, just to say "hi" for now, and use LinkedIn to follow businesses and employers you think you might like to work for one day.

Another easy way to network is to join a professional organization such as the EFA, but just signing up for membership is not networking. Networking is a two-way, reciprocal process. If you *take* (knowledge, information, resources, skills, job leads, or referrals, etc.), be sure to *give* something back. You do not necessarily have to give back the same commodity you take, but you do have to respond. People notice, remember, and avoid someone who always takes and never gives back. Volunteer on a committee, help plan an event, speak at a meeting, answer questions or relay resources on a discussion list, or write for the organization's newsletter. You can be a passive, "checkbook-only" member who takes what an organization provides and goes no further, or you can be an active, visible member who shares knowledge and experience with colleagues—and becomes someone whom colleagues remember with respect, refer for projects, and even hire as a subcontractor or partner.

And don't avoid participation just because you're new to editorial work or freelancing, or both. Even novices can often contribute things like resources and even "what not to do" experiences that are helpful to colleagues.

Build Skills

Begin to build your skills and learn new ones. Identify key skills — fluency in computer software programs such as Microsoft Word, Google Suite, and Adobe Acrobat if you plan to be a freelance proofreader or editor; Illustrator and Photoshop for graphic designers; Quark or InDesign for desktop publishing; Cindex if indexing is your specialty; or Dreamweaver, WordPress, SquareSpace, Weebly, etc., for website work. Look for evening or weekend classes from professional associations, a community college, not-for-profit organizations, your local library, or online; there are plenty of resources out there. Many SaaS (Software-as-a-Service) providers offer free webinars for using their products. Organizations like the EFA offer spring and fall courses on various topics to editorial freelancers, both aspiring and experienced.

Set Aside Money

As mentioned earlier, going out on your own as a freelancer can mean some lean financial times, at least initially. Save money beforehand, and stay in the habit of doing so as you go along. Remember the financial-planning mantra: *Pay yourself first.* Set aside funds for a savings cushion, but also for your tax payments, equipment and supply purchases, memberships, and other business expenses. If you get in the habit of paying yourself first, it's much easier to manage your freelance business.

Get Set Up

Put your necessary tools, equipment, and resources in hand before you get started; you may not realize how many tools or how much equipment you use to perform your work until you're on your own. You may need to invest in a computer; printer/copier; software for basic operation, including spreadsheets; paper and other general office supplies; a file cabinet; an ergonomically comfortable chair and desk; language and style manuals (and their digital counterparts); and other items specific to your professional niche. You will need a phone line that can be dedicated to your business. Once you are established, you may need a website (more about that in a later chapter).

Figure 1. Resources bookshelf.

ꝺ ACES: The Society for Editing
˙ American Medical Writers Association
ƒ Home - Editorial Freelancers Association - EFA Freelancers, Rates & More
The Association of Independent Information Professionals (AIIP)
♠ Home - Council of Science Editors
ScienceWriters (www.NASW.org) | Connecting science and society since 1934
National Writers Union | UAW Local 1981/AFL-CIO
AP Associated Press Stylebook
Authors Guild - The Authors Guild
AMA Manual of Style
Introduction // Purdue Writing Lab
Dropbox Business
SharePoint, Team Collaboration Software Tools
⊕ How to Get Published | Top Online Writing Resource - WritersMarket.com
LinkedIn: Log In or Sign Up
Sᴅ ScienceDaily: Your source for the latest research news

Figure 2. Digital bookmarks.

Even in this electronic age, an editorial freelancer still needs some basic, traditional items of professional identity, primarily a business card and letterhead. You might want a business name rather than just using your own name for your editorial business. Coming up with one that makes you stand out and still makes clear what you do can be a challenge, but is worth doing to enhance your professional image.

If you live alone and are leery of publicizing your home address, you may want to get a post-office box for your business. Consider one from a service that provides a street address to accommodate deliveries.

To accommodate large projects, look into file transfer protocol (FTP) or cloud services, which are online storage mechanisms where you or your client can stash huge files for the other party to download. The most common of these are Dropbox, Box.com, and Sharepoint, but there are many from which to choose.

Wi-Fi is a must, as is a speedy internet connection. Portable Wi-Fi makes it easy to do your freelance work from anywhere, and enjoy one of the great benefits of freelancing.

Consider getting an Employer ID number (EID) so you don't have to share your Social Security Number (SSN) with clients. This not only helps you protect your identity, but also keeps your personal finances separate from your editorial business.

Look into what is necessary to get a business license as a freelancer in your city and county. If you will be working under a business name, go through the motions to establish a DBA (doing business as) — your city clerk's office should be able to help you with this.

You also will want a business bank account for receiving client payments and paying for business expenses. Again, that makes it much easier to manage your business, especially in terms of taxes.

Position Yourself

Only you know if you are a generalist or specialist; if you work best alone or with a colleague nearby; at home or in an outside office. Think about these ahead of time, so your first few weeks as a freelancer go as smoothly as possible.

A generalist might get more assignments, but a specialist might get paid more per project. If you work at home, you can deduct your home office expenses, but you might have to deal with interruptions from family; an outside office can be better for your ability to focus, but will cut into your profits even though it's tax-deductible.

Before you launch, look into the various business structures you can use. The easiest and most common is sole proprietor, but incorporating as an LLC, LLP, or S Corp might be a smart move to separate your personal assets and income from your professional ones. You also have to decide if you're going to use an accrual or a cash accounting method. It would be a good idea to consult an accountant for advice on the best structure for your business.

Look, Sound, and Act Professional

An editorial freelancer needs a reliable business email account. Although you may not need a website initially, you can still purchase a domain name — the element between www. and .com (or these days any number of equally legitimate extensions) — before you actually need to create a website, so your ideal business or domain name remains yours. Your domain name also lets you have a personalized (and permanent) email address, which looks more professional than one ending in @gmail.com or any of the other free services. But as a backup email address in case your usual service goes down for some reason, free accounts with services like Yahoo or Google can be lifesavers in times of crisis with your regular service.

You may not need a separate phone line, at least at first, but it is a good idea to keep your work and personal phone lines separate, especially if you have children. Whether you have a separate line or use your existing line for your business, make sure your voice mail greeting sounds professional — no barking dog in the background, sexy voice, or cutesy greeting. Keep your welcoming message simple and straightforward. Be sure to set up voicemail — and actually check your voicemail messages, at least once a day.

Promote Yourself

Once you are ready to start your freelance editorial business, let the world know! Of course, you'll do this on social media such as Facebook, LinkedIn, and Twitter, but there's still a benefit in sending a press release to your local media (most of these are sent with online forms these days); announcements to the newsletters of your religious communities, neighborhood groups, membership organizations, and hobby groups; and cards to your friends, relatives, etc. Drop business cards off to former colleagues and employers. All of these connections are prospective outlets for your services and can pass the word about your availability for assignments.

Figure 3. Facebook announcement.

Keep the announcement brief, with a focus on what your editorial business will offer, your expertise and experience, and your contact information. Follow up occasionally with announcements of new clients or projects, and always announce awards or prestigious appointments, such as election to an association office.

News from <Your Business Name, ideally with a logo>

For immediate release   Contact: <Your Name, Title>

                                         Phone: <123-456-7890>

                                         E-mail: <You@yourdomainname.com>

Local <your specialty here>

launches new freelance business

Jane Q. Freelancer, a <YourCity-based> <your editorial specialty here>, has launched <Your Business Name; leave out if using your own name>, a freelance business offering <your services here>.

"I am very excited to be launching my own business," said Freelancer. "<Additional quote if you can say something interesting and attention-getting.>"

Freelancer is an experienced <your specialty here> who has worked for <Company X> for the past <#> years. She has received awards for her work from the Whatever Association and high praise from colleagues and employers over the years. Previous positions include <wherever else you have worked>.

Freelancer is a native of <wherever you're from, especially if you're originally from where you live now> and a graduate of the University of <Whatever>, with a degree in <Whatever>. She is an active member of the Editorial Freelancers Association and <other association(s) to which you belong, including any officerships or committee memberships>. She is also <list other volunteer and professional connections>.

Freelancer can be reached for assignments at 123-456-7890, phone, and You@yourdomainname.com, e-mail. For work samples and further information, go to her Web site, yourdomainname.com.

                    ###

Figure 4. Press release.

Decide What to Charge

While you can consult professional organizations and publications to get a sense of what is being paid for the kind of work you want to do, there is no such thing as a "going rate" for any freelance editorial niche. Rates depend on your work skills, experience, and ability to promote yourself or negotiate fees, balanced by the client's budget. There may be some regional differences—freelancers in New York City, Chicago, or Los Angeles can probably charge more than ones in Peoria, Illinois—but the internet has made many of those differences obsolete.

One source is the EFA website (the-efa.org/rates/), but don't let that limit you—you may well be able to charge more than the ranges provided by the EFA's Chart of Common Rates, especially because those rates reflect only the responses of EFA members at the time of the most recent survey. *Writer's Market* is one of the go-to sources for rate information for writers in a variety of genres, and professional associations in other fields also provide rate suggestions. (See the Resources section for more organizations that can help with setting your rates.)

Give yourself credit for your skills and experience. You might be new to freelancing, but you are not necessarily new to the editorial profession, whatever your specialty might be. Focus on establishing what you think you are worth and what you need to earn to cover your expenses, and don't worry about what colleagues do or don't get paid. Go back to your time-tracking efforts to see how long it takes you to do the tasks involved in a project to establish a starting point or base rate.

To figure out how much you need to make to continue living in the lifestyle to which you've become accustomed, look at the salary of your current or best-paid job. Take your salary for a year; add the value of benefits such as health insurance, vacations, tuition reimbursement, FICA payments, 401(k) matching payments, worker's compensation, and so on; add the value of overhead, such as office space, supplies, equipment provided by your workplace, etc. Divide by 1,950, which is roughly the number of hours worked in a full-time job in a year. That gives you an hourly value for your time; some colleagues advise using double that as your baseline. Try to get paid at least that well for freelance projects, but be aware that some projects may not pay that much. Then again, some will pay more, and you also should be able to increase your rates as you gain experience.

Here is another way to figure out what to charge (simplified): First, figure out how long it takes you to do the tasks you will be hired to do. If you can copyedit 10 pages in an hour, and you need to make $50 per hour to cover your bills, set your rate at $5 per page for that task. A 100-page project will pay you $500 and take you 10 hours. Similarly, if you read at a rate of 30 pages an hour and a book is 300 pages, you know it will take you 10 hours to read that book. Your rate for reading will be set at $X per hour times 10. If you've promised to write a 1,200-word review of that book, you'll need to know how much time it takes you to write a review of that length, multiply it by $X per hour and add it to the rate for reading to determine a project cost. (Important note: The industry standard is 1 page = 250 words.)

Keep in mind that how (as well as how much) you want to be paid might not be how a given client or outlet is going to pay. Writing is often paid by the word; editing and proofreading by the hour or page; artwork by the piece; design and layout by the hour or page. Be prepared to be flexible and to apply your ideal hourly rate to other models.

Risks to Manage

The freelance life does have some potential danger zones, although most of them can be anticipated and headed off.

Coping with Expenses

As mentioned previously, a financial cushion is invaluable for protecting you against the inevitable slow start, or slow times, for your editorial business. The ideal would be to have cash-on-hand to cover a year's worth of expenses, in case it takes that much time to find and get paid for your initial freelance projects, but saving that much money would be a major feat for most people. Try to stash at least enough in the bank to cover three months' worth of rent or mortgage, groceries, phone, utility bills, and other necessities.

Getting Health Insurance

As a freelancer in the United States, unless you are covered by a partner's insurance, you will have to find and pay for your own health insurance, and it can be expensive. Professional organizations sometimes provide access and discounts. Check out the Freelancers' Union. Your state may have a health insurance marketplace. Research when they open and close, and shop for what you need. This is a big-ticket line item for a freelancer, but most people agree that opting to go without is extremely dangerous and can mean financial ruin.

Bookkeeping, Filing, and Paying Taxes

As noted, freelancers have to handle their own bookkeeping, including tracking the time involved in projects, billing for their time and services, recording expenses related to various projects and general business activity, and submitting and following up on invoices. If you set up a system for invoicing and recording payments at the start, it is easier to manage when business picks up.

Your Name Editorial Freelancer				Billing and Income Record					2020
Client Name	JOB ID	Invoice #	Amt. Billed	Date billed	amt recv'd	pay details	pay date	misc. notes	
Holly Teaparty	HT		1450	1/22/20	1450	paypal	1/23/20	final pmt for deliverables	
Windy Words	WW1	WW1-1	2,100	2/1/20	2,100	check-6271	2/24/20	first installment	
FITI	FITI1	FITI1-1	200	2/12/20	200	paypal	3/12/20		
Windy Words	WW1	WW1-2	705	2/21/20	705	check	3/13/20	second installment	
Text Variety	TV4	TV4-4	574.75	3/5/20	574.75	check 111	3/9/20		
Smart Print Instantly	SPI 8	SPI Jan'20	2512.5	2/1/20	2512.5	gusto	2/28/20		
Smart Print Instantly	SPI	SPI Feb'20	1072.5	3/1/20	1072.5	gusto	3/31/20		
Joint Entrepreneur	JE16	JE16-1	1080.57	3/23/20				Out-standing	
Windy Words	WW1	WW1-3	200	3/23/20	200	check-6351	4/3/20	final pmt for deliverables	
			9895.32		8814.75				
			BILLED		RECEIVED				

Figure 5. Invoice tracking sheet.

If you do any driving related to your freelance work, keep track of vehicle mileage and expenses, and save receipts or digital copies of them. The same goes for equipment purchases, medical expenses, and anything else related to your business life.

You will have to pay self-employment taxes every quarter of the year, as well as handle your own tax filing every year. Software or SaaS (cloud-based, subscription-based software) can help with these tasks and do not necessarily cost much, but the tasks still have to be done. It might be a good idea to hire an accountant for your first year in business to help you set up a professional method for tracking expenses, income, and tax matters. Freelance colleagues also can help you find resources for doing these tasks by sharing what has worked for them.

Managing Your Time

Being the sole person responsible for managing your time as a freelancer is a challenge for many of us. It can be tempting to take time off, get distracted on the internet, occupy your day with chores, or simply focus so intently on finishing one big project that you forget to line up the next one. To make sure your freelance business gets off to an organized start and stays that way, and that you make the most productive use of your time, be prepared to become your own tough boss. Manage your time; don't let it manage you. Schedule snack and stretch breaks. Turn off notifications during work hours. You may want to look into the myriad time management software and apps out there.

Managing Relationships with Family and Friends

Friends and family can be surprisingly valuable sources of work and morale, but they also can be frustratingly unsupportive of a freelancer's business efforts. Discuss your plans with your spouse or partner ahead of time, and make sure you share the realities and risks involved—if you have spent the past year complaining about being unhappy at work, the move to freelancing may not come as a big surprise to your friends and family, but if you are not single, the decision still involves more than just you. And even if you *are* single with no dependents, well-meaning relatives may worry about whether you can survive as a freelancer or simply not understand what you do. You may have to educate them about your business, why you want to freelance, and how they can help—or at least not be a hindrance.

Saying No

On that note, if you work from home, your friends, family, and neighbors may assume you are available to be the neighborhood or building patsy: the errand runner, dog walker, package receiver, or carpool leader. They may also assume you can spend a lot of time chit-chatting because they don't consider working at home as "really working." Learn to say, "No, I'm not available; I have work to do." If necessary, practice in front of a mirror! Educate friends and family about your work hours—ignore their texts and calls during business hours or when you're immersed in a project. This does not mean you can never help them out; it just means that you have to take control over how you handle your time, assignments, and interruptions.

Handling Isolation

For the more gregarious of us, working from home and being isolated from colleagues can be one of freelancing's downsides. Joining local chapters of professional organizations and hobby groups can help. Working on a laptop at a local internet café, doing research at a library instead of from home, or using a co-working space are possibilities for freelancers. Co-working spaces can be places for inspiration, collaboration, and professional networking. Organizing lunch meetings, walking the dog regularly, or getting the newspaper from a newsstand instead of having it delivered—all can help overcome isolation. We all need escapes from our daily grinds, as well as breaths of fresh air. You also never know—you might meet your next client at the dog park or the coffeehouse.

Protecting Your Rights

No matter what kind of editorial freelancing you do, your work is your livelihood. Especially as a writer or artist, learn the basics of contracts and copyright to protect yourself against being ripped off, plagiarized, or otherwise mistreated. Learn the details of a Work-for-Hire (WFH) agreement and the line items in a contract that need careful scrutiny. Consider consulting with an attorney over any possible issues, from copyright protection to nonpayment and more.

Obtaining New Skills or Technology

Be sure you have, and know how to use, the necessary programs or technology *before* you accept a project. As a new editorial freelancer, you may be so eager (or desperate) for work that you take on something requiring skills or resources you do not yet have. It is better to turn down work or refer a project to a colleague than to do a lousy job or not be able to complete a project because you cannot yet use or don't have easy access to required technology. A paying client is not a guinea pig.

Before leaving your regular job, get training in new skills, computer programs, systems, and equipment if you can. Many software companies offer free skill-building webinars and inexpensive courses. You can use volunteer or personal projects as ways of learning new skills. And be sure that you have access to these essential items once you launch your business. You can keep friends or former colleagues in mind as backups in emergencies, but do not rely on them for the wherewithal to get your work done.

Preparing for Emergencies

As a freelancer, you are a business owner. Not to be morbid, but that means setting up ways to protect your business in a crisis. Make sure someone trustworthy knows your computer passwords and current project details, so your assets can be cared for and your clients can be notified if you're ill or incapacitated. Give power of attorney to a trusted relative or friend, and have a will (including a living will) that spells out what you want done for or to you if you can't speak for yourself. Make sure someone can have access to your bank accounts and safe deposit box to take care of outstanding income and bills. (For more information about such planning, see the *An American Editor* blog.)

Finding Clients
and Assignments

There are a number of ways to find not just your first freelance editorial assignments, but ones in the future as well.

Create Internal Assignments

If you're currently in a regular job, see if you can do some new kinds of editorial work, or more of what you already do, within your company. Other departments might want or need your editorial skills. As long as it does not interfere with your current responsibilities, try to branch out and find "clients" throughout the organization. (Do check with your supervisor before contacting colleagues elsewhere in the company to make yourself available for new projects.)

"Convert" Your Current Employer

If you are in a job that involves the kind of work you like to do but are tired of the environment, the commute, the limitations on advancement, or certain office mates, consider convincing your employer to convert your job into a freelance one. List the advantages to your employer and specify exactly which tasks you would continue to perform. Focus on how much more productive you will be. Be sure to put your proposed hours in writing and stick to them; working for a former boss and with former colleagues makes it easy to do more than you might get paid for.

Contact Former Employers and Colleagues, Friends, and Family

As suggested above, let everyone, including relatives and friends, know you are now available for freelance work. Never assume that someone knows you are available or even remembers what kinds of editorial work you can do. Former employers are great sources of both freelance work and referrals (as long as you leave on good terms); if they don't need you, they may have connections. Just don't be pushy about asking colleagues, friends, and family to refer or use you for editorial projects.

Join Associations of Professional Colleagues

Organizations of other freelancers, and of people who do the same kind of work that you do, provide education, advice, and sometimes job opportunities. Fellow organization members may refer or hire you for freelance work if they know you, which is why you should be more than what I call "a checkbook member" of at least one professional group. If you use your skills for association projects, join a committee, or participate positively on a discussion list, you will come to mind when other members need people with your skills. For example, some editorial professionals hire subcontractors, or, alternately, just send work that isn't a good fit for them to a colleague who has become known to them through their association membership.

When participating on email discussion lists, forums, social media platforms, etc., be your most professional, because this may be the only way that colleagues ever "see" you—and, thus, the only way they can judge your skills. People tend to think of email lists as electronic water coolers where they can relax their standards and make errors with impunity, but that isn't necessarily so. Most electronic discussion lists have members who lurk—read the messages but rarely send anything themselves—and some of them are prospective clients. This may be most important for writers, editors, and proofreaders, but it counts for other editorial specialties as well. Both frequent posters and silent lurkers might be the very colleagues with work in hand for you, but if your messages are sloppy, you will never hear from them (see Figure 6).

dvice, job leads, and collegiality.

National and international organizations put you in touch with clients and colleagues all over the world and in all different specialties. Some of the associations and organizations in this list are oriented to freelancers as a whole; others have strong freelancers' sections or special-interest groups; and still others are oriented to in-house workers and, thus, are good sources of clients.

Some of these organizations provide access to:

- Certification
- Group health insurance
- Discounted legal services
- Conferences
- Member discussion lists

- Courses/training
- Codes of conduct
- Tips on how to charge
- Conferences
- Local chapters and events.

Participate, contribute, present, or volunteer as part of your membership. Involvement is the way not only to build your skills and enhance your portfolio, but to become known and find projects.

- ❖ ACES: The Society for Editing, aceseditors.org/
- ❖ Alliance of Independent Authors, selfpublishingadvice.org/
- ❖ American Medical Writers Association (AMWA), amwa.org
- ❖ American Society for Indexing (ASI), asindexing.org
- ❖ American Society of Journalists and Authors (ASJA), asja.org
- ❖ American Translators Association (ATA), atanet.org
- ❖ Association for Women in Communications (AWC), womcom.org
- ❖ Association of Independent Information Professionals (AIIP), aiip.org
- ❖ Authors Guild, authorsguild.org
- ❖ Board of Editors in the Life Sciences (BELS), bels.org
- ❖ Cat Writers' Association (CWA), cwa.com (there also are groups for people who write about other animals, birds, reptiles, etc.)
- ❖ Council of Science Editors (CSE), councilscienceeditors.org
- ❖ Editorial Freelancers Association (EFA), the-efa.org
- ❖ Garden Writers Association (GWA), gardencomm.org
- ❖ Graphic Arts Guild, graphicartistsguild.org
- ❖ Illustrators Club, illustratorsclub.org (of Washington, DC; Maryland; and Virginia)
- ❖ International Association of Business Communicators (IABC), iabc.com
- ❖ National Association of Independent Writers & Editors (NAIWE), naiwe.com
- ❖ National Association of Science Writers (NASW), nasw.org
- ❖ National Writers Union (NWU), nwu.org
- ❖ Public Relations Society of America (PRSA), prsa.org
- ❖ Society for Technical Communication (STC), stc.org
- ❖ Society of Professional Journalists (SPJ), spj.org

Figure 6. Professional associations list.

Look into Hobby Groups and Associations of Your Client Base

Joining local organizations can help you find clients and contacts with whom you already have something in common—your immediate environment and community. No matter what your hobby might be, there is an association or group for it, and that organization has publications, websites, events, promotional materials, social media, publicity, and public relations—a wealth of outlets that could showcase your editorial talents. Join one of those organizations and contribute to it. Some can pay members for contributing to or creating their editorial material; others can be beneficial as leads to work for manufacturers, vendors, and suppliers in the field.

If you choose a group in an area that is already your hobby or pastime, it will be fun to contribute to it, but think of how much more fun it could be to make money from it as well! The American Kitefliers Association (yes, there is such a thing) used to pay for newsletter editing and production, for instance, and the Cat Writers' Association has a contest with cash prizes in a wide range of types and topics.

Service organizations, like Rotary, Elk, Moose, or educational organizations like Toastmasters are also worth looking into. Find out how much it would cost to join local business bureaus and Chambers of Commerce. People you connect with there may generate freelance business for you.

Bartering

Consider swapping services with colleagues, vendors, and suppliers to build up your portfolio and connect with prospective clients. Editorial freelancers have a lot to offer to a wide range of businesses and organizations. When you are building your freelance business, look for ways that your services can be helpful to entities that provide services you need. While this isn't income, it does keep cash expenses down.

Use Want Ads and Job Search Websites

You may find job opportunities in places like the local newspaper, Facebook/jobs, Craigslist, and similar outlets. Just be aware: While job sites may be a great place to find projects where you can build technology skills and gain experience, you need to protect yourself from scammers and worse. Don't meet a stranger in their home or invite them to yours. Some posters are often just looking for the lowest bidder, and might not understand how much they should expect to pay for professional work.

There are a number of job search websites you join for free and upload your qualifications and resumé. Potential clients might find you, or you can search for jobs to apply to. LinkedIn is one of these sites, and since you should have a profile there anyway, there is no real downside.

Other sites, like Fiverr.com and Upwork.com, allow you to build a profile and list your services, then they take 20 percent of each job you find. Some, like Reedsy, distinguish themselves by limiting the number of people who can bid on any job. Mediabistro and Guru.com send your name to potential employers and send you job matches based on your profile, which can lead to a lot of mismatches and wasted time. On Guru.com, you pay for levels of access to employers looking for freelancers.

In all of these cases, you usually end up bidding for work in situations where the decision is dollar-based, and whenever you bid on cost rather than quality, quality usually loses. Clients on many of these sites often pay very little and some of these sites also have draconian oversight or quality control systems that can knock your profits down even farther.

Organization discussion lists are a good way to find out about online services that colleagues find worth — or not worth — using.

If a job you'd like to apply for is full-time on-site, you might be able to convince the employer to turn their full-time position into freelance assignments, at least temporarily. Pitch your value as a skilled professional who can handle the job at a higher level of quality and experience for the same or lower cost as a full-time, in-house staffer with lesser skills while the client takes time to find the perfect full-timer. You could also offer to take on the job's responsibilities on a consulting basis.

Respond to Listings

If you join a professional organization that provides job listings to its members, pick and choose the listings to which you respond to make the best use of this resource; respond only to the listings for projects you really can do and that offer rates that make sense to you.

Don't respond to these listings unless you really are qualified for a given project, because that's just a waste of your and the client's time, as well as unfair to qualified colleagues whose responses might get lost in the flurry of ones from people who aren't a good fit. And never offer to do the work for less than the listing sets out. That makes you look desperate, damages the credibility of the listing source, and undermines your and your colleagues' ability to generate decent rates for the work.

Craft your response by following the listing language: Parrot what the client wants in terms of how you meet those needs. The same goes for responding to newspaper and online listings.

Write a response to a current/recent posting and save it in Word so you can adjust it for future listings. It should include a basic opening sentence noting what you're applying for; a short explanatory paragraph about your relevant qualifications or experience; and a closing that asks for—when appropriate—fee/rate, deadline, and any other important details not covered in the listing. If you choose to respond to listings with a Word document instead of an email message, include your name in the file name.

Be prepared to take editing or proofreading tests if that is your niche, or to provide writing samples or design sketches, because the reality is, that may be the best way for a prospective client to be assured that you can do what you say you can do. Some prospective clients will pay for samples; some won't. It never hurts to say your policy is to get paid for tests. If the prospective client says no, you haven't lost anything; if the answer is yes, you've won a round of negotiating. Only take tests within specific limits, though: a 30-page chapter is *not* an appropriate proofreading, copyediting, or indexing sample; up to 10 double-spaced pages is more like it (1,000 words is a common average). If you are asked to create an artwork sample, be sure to put in writing that any use of such a sample will require payment, even if you do not get the actual project. The same goes for a sample index or article.

Send Out Cold Queries

Research the market for publications, publishers, organizations, and other prospective clients, and send out "cold queries": letters pitching your freelance services. These can be email messages or documents attached to email messages (be aware that many prospective clients block attachments from unknown senders) or on paper; email may result in faster responses, but "real" letters might get more attention.

Learn from those who have succeeded before you in your niche. There are many helpful resources about creating a successful freelance magazine-writing career, for example. Before cold querying (the equivalent of cold-calling in sales), you must know the industry and standards of the particular market for your work.

A query letter should present your skills and experience, and explain how you could contribute to the organization or publication. Back it up with a strong resumé and a few samples of published work, especially if your niche is writing, graphic arts, design, or photography.

Some proofreaders and editors have gotten projects by (tactfully) pointing out typographical errors in books, magazines, and websites, but be prepared for that to work only occasionally, if at all.

Make sure you keep a current resumé on hand at all times and that its filename uses your name, not just the word "resumé," so it will stand out from the crowd.

One place you might overlook for the cold query is another freelancer. Reach out and offer to subcontract or work as part of their team while you get your feet wet. Understand that you may have to accept a lower rate if you do this, as they will spend time in an oversight capacity.

Pitch Work to Websites and Content Providers

There are hundreds, if not thousands, of websites that will publish what you write. Unfortunately, most of them pay little to nothing and can expose your work to theft or plagiarism, and they tend not to give bylines or the names of their editors/proofreaders. If you can do work for such sites with little effort and no expense, the experience might be worth it, but many professionals prefer other ways of getting their names and work out there to potential clients.

Be wary of content mills—websites that pay peanuts, if anything, and promise visibility (that is, exposure), but are worthless for professionals. These aren't necessarily scams; they are businesses or sites that expect high levels of work for minimal pay rates, and often don't give bylines to contributors. The "visibility" provided by such sites only lets other potential clients know that you're willing to work for very little money, which is not the image you want to present.

Work for Free or Volunteer

There are two schools of thought about whether editorial freelancers should do any work without pay. The argument in favor of working for free, especially as a volunteer with a nonprofit group you believe in, is that it will give you samples for your portfolio, website, and interviews. It also can be an opportunity to develop new skill sets, try new specialties, or cover new topics. As long as *you* are the one choosing to do the free work and for whom and how long, doing so can have professional value. Just be careful not to take on so many unpaid assignments that they interfere with your ability to find or accept paying projects.

Choose a Path

As you're figuring out how you want your freelance career to look, our EFA colleague Hillary Powers provides this advice:

> "When starting your freelance career, choosing your path—and finding the right clients—may be your first hurdle. These steps can help you overcome it:
> "Decide what you want to do.
> "Find out who needs what you want to do. Sources include reference librarians, *Encyclopedia of Associations*, *Literary Market*

Place, Writer's Market, bookstores (to find the kinds of books you want to work on, look at the spines of books you would have liked to be part of), and lists of professional journals.

"Find someone who works for a likely prospect (your reference librarian can help here)—or better still, someone you already know who knows someone who works for a likely prospect—and ask for an introduction. Social media could be useful for this.

"Write or phone—or write, then phone—to get past your initial contact to someone who actually uses the freelance services you want to offer.

"If you sense a desire to talk, allow your contact to do so. Work around to asking, "What's on your desk right now?" Your true victory is to come away with a project en route to you, but failing that, establishing a pleasant acquaintanceship can be enough—and finessing an introduction to someone else who might be pleased to talk to you is almost as good as a job in hand. If the organization has hoops you need to jump through before getting work (test, formal resumé, etc.), find out what they are and get started on them.

"My very first editorial job is a case in point. I had a 30-year-old journalism degree and a lot of work experience that involved writing and editing, but no related job titles or employers. I wanted to work from home, and I knew I could edit (and didn't realize how much I didn't know about it).

"I started by checking *Writer's Market* for medium to large publishers of palatable material within driving distance of my home. I wrote to a stated contact. I phoned a week or so later to follow up. In this case, the woman said she wasn't doing that anymore and gave me the name of her successor. She said he'd gotten her files, but it'd probably be a good idea to write again. I wrote and said essentially, 'Ms. Predecessor suggested I get in touch with you about editing for [better nameless].'

"I phoned a week or so later to follow up. Mr. Successor told me how well qualified I was and how much he regretted that all the books for the season were placed. But . . . suddenly he said something like, 'Hey, wait a minute—there's this *thing* in a box on the floor. We had to fire the authors and I've got to finish it myself; tell you what, when I'm done with it, you can have it if you want it!' . . . It was an hourly job with a cap that meant I wound up making less than $10/hour—but it would have been worthwhile to have paid him for the experience."

Market, Market, Market

It's easy to get immersed in a major project or reliant on a regular client with repeat assignments, and forget to promote yourself for new work, but marketing should be a constant part of your editorial business. Make marketing—contacting prospective clients about projects, getting your name out in view of clients, responding to job listings, interacting with colleagues—a constant part of your freelance editorial business. Some freelancers set aside a regular day of the week or month just for marketing efforts.

Most marketers these days agree that you must establish a brand and build it through your outreach and marketing efforts. Until you get established and well known in your specialty, you will have to generate work; you can't wait for work to come to you. And even when clients start calling you to offer repeat assignments, or you start getting regular referrals to new clients, you still have to market to keep your income flowing in smoothly.

Promotions and Marketing

As an editorial freelancer, you and your skills are your brand. You will need certain tools to build your brand—to get the word out about who you are, what you do, and how to find you. The first four of these are essential, classic, traditional tools for people in business—it is just a matter of adapting them to your freelance activities; the others are optional but highly worthwhile.

Business Card

A business card is your most practical, useful resource for getting your name out to potential clients. Make it strong and simple; emphasize your name and what you do. Carry it with you everywhere—even to the grocery store and parties. The freelancer ranks are rife with instances of editorial professionals who have gotten work because they had their business cards handy when prospective clients crossed their paths in casual and social situations, not just at organizational meetings, conferences, and interviews. They can convey both your contact information and your personality!

Figure 7. Ruth's business card.

ROBIN MARTIN
EDITORIAL SERVICES
FICTION & NONFICTION

916-837-3017
Twitter & IG @sacramentorobin
RobinMartinEditorial.com

Figure 8. Robin's business card.

Email Account

You may not think of your email as a marketing tool, but it is if you create a "signature" (sigline) that automatically includes your name, business name, slogan, and contact information in every message you send. Most email programs will let you create multiple siglines, so you can tailor them to specific needs. As mentioned above, creating an email address based on a website domain name is also a marketing technique.

Resumé

Freelancers need resumés, usually to accompany query letters or responses to job listings — but a freelancer's resumé should look different from one for someone looking for a full-time job. Don't simply list previous jobs chronologically: Recast your traditional resumé to emphasize the skills and experience most relevant to the editorial work you want to do. This is called a functional resumé and is where previous freelance work, even if unpaid (only you have to know it was unpaid!), comes to the fore.

It might be worthwhile to pick up a book about resumés for guidance; consider the 2020 edition of the EFA's *Resumés for Freelancers* booklet.

Ask a friend or colleague to proofread it for you, just in case — it can be very difficult to proof your own material, and you want it to be perfect. As mentioned above, be sure to label your electronic resumé something other than just "resumé.doc"; call it "Your Name Resumé.doc" so it stands out from all the ones with a generic name.

As a benefit of EFA membership, you can link your resumé to your directory listing. You also might want to make it downloadable from your website as a PDF.

LinkedIn Account

LinkedIn is more than a social media site: It is the first place potential employers will look for you to see if you have endorsements, recommendations, relevant skills, and a healthy professional identity. LinkedIn is your online professional profile, and more. You can use it to build your brand by writing articles, adding posts, and starting conversations with business owners.

Your LinkedIn page, like your EFA profile, can bring jobs to you. People looking for your skills might stumble upon you there and present you with an opportunity.

Website

Even if you are not ready to set up a website, obtain a domain name so you can develop a site as soon as you have enough material for one, and to create an email address related to your business.

If you've come up with a business name, that should be the name of your website. If you are working under your own name, choose a domain name that reflects what you do, such as WriterYourName or EditorYourName, rather than just using your name. (Until you're well established, prospective clients won't look for you by your name, but by the kind of freelancer they need.) It's a good idea to also buy and register your name as a domain to protect it against being used by someone else. You can have more than one URL "point" or link to your actual website.

Having a great website will help you close the deal. This is where you showcase your brand. Use it as an electronic portfolio for your work and to present testimonials from satisfied clients (be sure to get their permission first), background information about you, and other details that could convince a prospective client to hire you.

Keep in mind that your website becomes *you*. You might only interact with clients electronically and never meet them in person, so your website might be the only way some clients ever see you or your previous work. Make it look good. Simple is usually better than complicated; stay away from jazzy "flash" technology that can irritate viewers, and keep files and images large enough to be recognizable but small enough to load quickly and easily.

Figure 9. Ruth's website.

Look into having someone create a logo for your business. If you choose to include a photo of yourself on your website, consider investing in a professional photo rather than using an informal snapshot. (You might be able to swap your editorial services with a photographer.) A good headshot is better than an out-of-focus image or one inadvertently featuring your pet or messy piles of papers.

For examples of websites of editorial freelancers, go to the EFA Member Directory (or the membership directory of any association you join), look for colleagues in your specialty or niche, and then go to the websites of those colleagues. You also could put your professional area into a web search engine, add "websites," and see what comes up as samples to consult. Assess the ones that make you want to contact those colleagues, and try to emulate the elements that create such a response. But don't plagiarize the content on their websites!

In essence, keep your site simple and straightforward, clean and uncluttered, easy to navigate, and focused on what you do and for whom. Once you have your own site, you may become an inspiration to others!

Popular programs for creating and maintaining websites include Squarespace, WordPress, Wix, and Weebly. You can hire or swap services with a website developer, and ask them to set up your site so you can do your own updates and revisions.

Blog

A blog—an electronic, web-based diary that is usually part of your website—is a fun way to practice writing and display your writing voice. It can become profitable if a publisher or editor sees it and likes that voice, or if you develop a following and can attract affiliate marketing for products you recommend. However, if you use it to criticize clients, employers, colleagues, or companies; express outspoken views on politics, news events, or social issues; or highlight your wild and wacky side, a blog can get you fired, or make clients either drop you or not hire you in the first place. That does not mean you cannot express your opinions; just remember that doing so in a blog can have a negative impact on your professional life.

Advertising

Few editorial freelancers have great success with traditional advertising, but if you want to try this, many writers' and publishing industry trade magazines and websites offer classifieds or display advertisements. Some freelancers just starting out have had luck with placing Craigslist ads, but as always with Craigslist, make sure you stay out of harm's way. Online or Yellow Pages ads are not where most prospective clients look for freelancers; these are more likely to attract individuals who may not make good clients. The same goes for ads in community newspapers or charity event programs, although, as mentioned above, donations of editorial services can be good ways to gain experience and let people know you are available for hire.

Brochure

A promotional brochure highlights your skills, experience, and expertise. It can function as a mini portfolio to accompany your query letters, with more information than a business card and in a more graphic format than your resumé. Have both a print and electronic version, so you can attach it to email messages and link to it from your website.

Letters to the Editor

They may not pay, but letters to the editor of a newspaper or magazine (print or online) can position you as an expert and make you visible to prospective clients who otherwise might never hear of you. Letters to publications in your area of expertise, or in areas where you want to work, are even better marketing tools. They cost you nothing, can be fun to write, and enhance your professional image.

Presentations and Speeches

Making presentations or speeches to community groups and professional organizations is a great way to develop visibility and make yourself known as a subject-matter expert, as well as a provider of freelance services. Seek opportunities to share your skills and knowledge through such activities, and work will flow toward you. Teaching classes can be worthwhile in and of itself, as well as a good way to get your name out in public as someone to hire for editorial projects.

See if there's a writer's center in your hometown, and offer to teach there or in a local continuing education program. Once you've gotten your feet wet with local presentations, look for opportunities to speak at regional and national events such as conferences of professional organizations. Some will pay honoraria, provide free access to the event, or cover travel and accommodation expenses. Just be aware that some not only don't pay, but expect speakers to pay for attending the event!

Social Networking and Social Media Sites

One of the most popular ways to find work these days is using social media. Do be visible in such places, with professional-looking profiles and regular posts or contributions to conversations, but don't expect to make a living from being found in them alone. These sites are more of an expansion of your networking efforts than a direct lead to work.

In addition to a strong LinkedIn presence, Facebook for Business, Instagram, and Twitter pages can take the place of a website as long as you practice the same professionalism on them as in your other marketing and promotional efforts. Following people and hashtags (subjects) within your niche is a great way to learn, connect, and build your brand.

Potential Markets
and Clients

Your clients can come from a huge range of industries beyond publishing. You probably already have a good sense of what kinds of businesses or organizations might use your skills and services, but in case you have any doubts, here are a few suggestions.

Writing

- Magazines
- Newspapers, including special sections and Sunday editions
- Newsletters
- The alternative press
- Local business journals
- Specialty publications, the ethnic press, and religious publications
- Businesses, companies, nonprofit organizations
- Publishing companies
- Websites
- Blogs (your own and those of colleagues and clients)

Proofreading and Editing

- Publications
- Publishers (publishing houses)

- Websites
- Advertising and public relations agencies
- Companies, nonprofit organizations, government agencies and programs, law firms and other service firms, small businesses, and corporations
- Medical and dental offices
- Individuals, including authors and graduate and doctoral students

Indexing

- Publishers and publishing houses
- College and university presses
- Individual authors
- Government agencies
- Think tanks

Graphic Arts

- Public relations and advertising agencies
- Companies and businesses, nonprofit organizations
- Publications
- Self-publishers
- Websites, as well as anyone needing to create one

Photography

- Individuals and families
- Corporations
- Small businesses
- Publications

Website Design or Content

- Associations and organizations
- Companies and professional service providers
- Authors
- Online retailers
- Other freelancers, independent contractors

Getting Paid

Getting paid is often one of the trickiest aspects of being an editorial freelancer. Many of us are great at doing the work, but conflicted about asking to get paid for it. However, there are ways of protecting yourself and making it easier to get paid.

Contracts and Letters of Agreement

Never start a project or assignment without something in writing that sets out what you will do, at what scope (such as the number of words for a writer or editor, or number of images for a photographer or illustrator), for how much and when, by what deadline, and for which rights. If the client does not use a contract, create a template of your own. You do not necessarily need a formal contract full of legal jargon; a letter of agreement or email message confirming the details of the assignment will usually protect you in the event of any problems.

For writing projects, the ideal is to get paid on acceptance rather than on publication, since a lot can happen between having your work accepted and seeing it in print.

For long-term, ongoing projects, ask for a deposit or retainer before starting work, and establish interim payment points. This can be especially important when working for an individual, who may not have a realistic understanding of the total cost of a project. (If doing proofreading or editing for graduate or doctoral students, check with the institution on its ethical guidelines for such work.)

Many client organizations have no formal contracts, so it's smart to develop a boilerplate list of details for writing assignments to confirm in an email or letter. Ruth's often looks like this:

"As we discussed, I will provide the following for the magazine/ newsletter/website/publications department/etc. of Organization X. This communication will serve as a contract between Organization X and freelance writer/editor Ruth E. Thaler-Carter."

The boilerplate list includes:

- Title or brief description of the assignment
- Number of words (for writing)
- Definition of a page as 250 words (for editing or proofreading)
- Deadline (for each part)
- Format (MSWord doc., PDF, etc.)
- Payment structure or rate (per word, hour, project, etc.), if appropriate
- Payment amount
- Payment policy or timing (a deposit, if appropriate, which can often be done for editing or proofreading with independent authors; and when payment will be made — on acceptance vs. on publication)
- Other compensation (like published copies)
- Rights of ownership and copyright
- Revisions (I usually include "one revision within the scope of the assignment, if needed")
- Late fee (a penalty for payment after the promised time frame)
- Scope protection (such as "Any additional work beyond the scope of the original assignment will be charged by the word/hour")
- Indemnification clause
- Any other relevant information (number of sources to contact, whether sources will be provided by the client or the freelancer, etc.)
- Kill fee (a percentage of the fee paid if the assignment is "killed" — not used — for reasons beyond my control)

Organizations such as the EFA provide templates for basic contracts (the-efa.org), the Editors' Association of Canada (EAC; editors.ca) has a standard contract that freelance editors may download and revise, and the National Writers Union (nwu.org) and American Society of Journalists and Authors (asja.org) have something similar for writers. EAC member Geoff Hart lets colleagues "borrow or modify" his standard contracts at geoff-hart.com/resources/standard-terms.pdf.

You might get a contract from a prospective client that includes a clause requiring you to have liability insurance. Before spending money on such a policy (assuming you can even get one; some states don't make that possible for sole proprietors), tell the client that you may not need such coverage because it's usually meant for large companies that work on-site at the client's location and have employees who drive commercial vehicles, use heavy or dangerous equipment, or work in risky professions. You can usually just delete that clause from the contract or ask them to drop the request. If the client insists and you really want their business, say you will comply as long as you will be reimbursed for the cost of the policy.

Another aspect of prospective clients' contracts is a clause saying you will be responsible for, and pay any litigation costs of defending, the accuracy of any and all material related to a project. This is problematic because for many of us, a document will be handled and changed after it leaves our hands. Again, you can often cross out this kind of clause and explain to the client that you cannot be held responsible for changes or errors made by other people involved with a given project.

Colleagues Karin Cather and Dick Margulis collaborated on a presentation for the Communication Central Be a Better Freelancer® conference that they turned into an invaluable book about contracts for freelancers: *The Paper It's Written On: Defining Your Relationship with an Editing Client.*

Invoices

Unlike in a regular job, freelancers have to bill their clients before they get paid for their freelance work; paychecks don't just appear automatically every week or month. Even when you have a contract or agreement, payment will not necessarily follow when you hand in the project; you have to create and send an invoice.

Depending on the type of client you are working with, you may be able to send an invoice and request payment before you deliver the work to them. This is often the case with independent clients, who, as long as you've shared your progress with them and they are expecting it, shouldn't have any problem with this. In other cases, you will deliver the product and the invoice simultaneously and have to wait for payment.

An invoice should include an invoice number (which many clients require), date submitted, your contact information, nature of the project, date it was due and delivered, and your payment policy ("Payable within 30 days of invoice date," for instance). Include language about a penalty for late payment and consider offering a discount for early or prompt payment. You can include your Taxpayer Identification number on the first invoice to a client; some other freelancers prefer not to do so and only provide it when asked, usually in a W-9 form.

You can make your own template for invoices, but programs like Quicken, QuickBooks, Freshbooks, PayPal, and Word include such templates that you can tailor with your information, logo, and so on. Office supply stores also carry forms for creating invoices.

Set up an easy-to-use system to track when projects are due, billed, and paid, so you can follow up on any late payments (and keep track of income for taxes). Your system can simply be numbering invoices as you create them and tracking them in an Excel spreadsheet; it can be an even-simpler list in your word-processing program (see Image 5).

Follow-Up

Even if your invoice says "Payable upon receipt," don't expect payment before 30 days after the invoice date; that's a standard time frame in the business world. Do not nag a client on day 31 if payment hasn't arrived yet, but do send a reminder around day 35. If a payment is late, do not use your personal needs as a reason for the client to pay up. A professional does not whine; clients do not care if your mortgage or rent is late, your car is out of gas, your fridge is empty, or your kids are wearing rags. If you have done the work as promised, you deserve to be paid as agreed.

Figure 10. Ruth's invoice.

Delinquent Payers

It should not happen often, but some clients will be slow payers; some may try not to pay at all. If you have fulfilled your end of the contract or agreement, again, you deserve to be paid. Be prepared to cite your contract or agreement.

If someone doesn't pay the first invoice, send a second. If they don't pay the second, initiate contact with the person in charge of remitting payment—there may be a disconnect. It's possible the payer needs an accommodation for late or installment payments. Try to resolve any nonpayment issue within a reasonable time, using free resources, before resorting to threats or more expensive pursuits.

Be sure to keep copies of any messages that compliment your work or acknowledge receipt of your finished assignment, in case you need to prove that payment is owed. If you receive this kind of information by phone, document the conversation in a detailed, dated note.

"Lawyer Letters"

Consult with an attorney about a "lawyer letter"—a request on an attorney's business stationery—to send to recalcitrant clients. Sometimes just seeing a polite request or reminder for payment on the letterhead of a lawyer is all it takes to push a slow payer into action. If there is no lawyer in your circle of friends or colleagues, find out if your professional organization offers access to discount legal services, or contact an organization such as Volunteer Lawyers for the Arts to see if they can help; there are chapters in several states and they often can intervene on a freelancer's behalf.

Small Claims Court and Collection Agencies

As a last resort, you may have to tell a nonpayer that you are going to take the matter to court if you don't receive payment by a certain date. Court is where written (including email) records of the assignment, acknowledgment of receipt and acceptance, and any discussion of the problem become invaluable. Unfortunately, the cost of doing this is often not worth the payout. You might have to travel to the client's location to have your case heard, so you have to decide whether it's worth the expense of travel and accommodations. Small Claims Court does not always have enforcement strength, so even winning your case might not help. Sometimes, it is best to settle for a lesser amount if it looks as if it will be a major headache and expense to collect your fee in full.

Other Resources
for Freelancers

Email Lists

One of the best aspects of today's electronic world is having access to electronic discussion lists, forums, and groups, which are wonderful sources of advice, insights from colleagues, and access to projects. (Remember that your messages are often the only way that both visible and "lurking" list members ever meet you: Not just what you say but the accuracy of how you say it can affect whether you get hired or referred by people on a list.)

Here are some useful online lists and groups for editorial freelancers. Again, there are many more; enter your niche into a search engine and add "discussion lists" for others.

- EFA Discussion List, the-efa.org (a members-only discussion list that provides insights into the business of being an editorial freelancer)
- Bay Area Editors' Forum, editorsforum.org (for colleagues in the San Francisco Bay Area of California)
- Communication Arts, commarts.com (for graphic artists)
- Copyediting-L, Copyediting-L.info ("a list for copy editors and other defenders of the English language")
- The Editors Lair, editorslair.com/ (a site for editors to discuss the profession and all its aspects)

- Preditors and Editors, pred-ed.com/ (warnings about unethical or unreliable publishers, editors, and agents)

Magazines and Directories

These publications provide invaluable information about doing business; potential clients; and trends, new products, and other details of value to freelancers. Find them online and at your local bookstores, newsstands, or libraries.

- *Writer's Market* (the "bible" of freelance writing, with updates available through online subscription)
- *Literary Market Place*
- *Writer's Digest, Poets & Writers,* and *The Writer* magazines
- *Folio* (magazine publishing)
- *Shutterbug* and *Popular Photography* magazines
- *Macworld* and *PCMag*
- *Website* magazine, and magazines and newsletters about specific software programs

Books

- *21st Century Grammar Handbook*, Princeton Language Institute
- *The Best Punctuation Book Period*, June Casagrande
- *The Business of Editing: Effective and Efficient Ways to Think, Work, and Prosper*, Richard Adin with Jack Lyon and Ruth E. Thaler-Carter
- *The Chicago Guide to Grammar, Usage, and Punctuation*, Bryan Garner
- *Copyediting*, Karen Judd
- *The Copyeditor's Handbook*, Amy Einsohn (newest edition coauthored by Marilyn Schwartz)
- *The Copyeditor's Workbook*, Erika Bůky, Marilyn Schwartz, and Amy Einsohn (a companion to the newest edition of *The Copyeditor's Handbook*)
- *The Copyeditor's Guide to Substance and Style*, the editors of EEI
- *The Deluxe Transitive Vampire, The New Well-Tempered Sentence,* and *The Disheveled Dictionary*, Karen Elizabeth Gordon

- *Developmental Editing*, Scott Norton
- *Dos, Don'ts and Maybes of English Usage* and *Miss Thistlebottom's Hobgoblins*, Theodore Bernstein
- *Eats, Shoots and Leaves: The Zero Tolerance Approach to Punctuation*, Lynne Truss
- *Edit Yourself*, Bruce Ross-Larson
- *Editing by Design* and *Mastering Graphics*, Jan V. White
- *The Elements of Grammar*, Margaret Shertzer
- *The Elements of Style*, William Strunk and E. B. White
- *Getting It Printed* and *The Newsletter Sourcebook*, Mark Beach
- *The Glamour of Grammar*, Roy Peter Clark
- *Grammar for Grownups: A Self-Paced Training Manual*, Janis Fisher Chan and Diane Lutovich
- *Grammar Girl's Quick and Dirty Tips for Better Writing*, *The Grammar Devotional*, and *Grammar Girl's 100 Misused Words You'll Never Confuse Again*, Mignon Fogarty
- *Lapsing into a Comma* and *The Elephants of Style*, Bill Walsh
- *Looking Good in Print*, Roger Parker
- *Mark My Words*, Peggy Smith
- *McGraw-Hill's Proofreading Handbook*, Laura Killen Anderson
- *Mind the Gaffe*, R. L. Trask
- *The Non-Designer's Design Book* and *The PC is Not a Typewriter*, Robin Williams
- *On Writing Well*, William Zinsser
- *The Paper It's Written On*, Karin Cather and Dick Margulis
- *Proofreading Plain and Simple*, Debra Hart May
- *The Scott, Foresman Handbook for Writers*, John Ruszkiewicz
- *Style Sheets for Newsletters*, Polly Pattison
- *Substance and Style*, Mary Stoughton
- *The Subversive Copy Editor*, Carol Fisher Saller
- *That or Which, and Why*, Evan Jenkins
- *What Editors Do*, Peter Ginna
- *When You Catch an Adjective, Kill It*, Ben Yagoda
- *Woe Is I* and *Words Fail Me*, Patricia T. O'Conner
- *Writer's Digest* books on techniques and genres
- *You Send Me*, Patricia T. O'Conner and Stewart Kellerman

- Booklets from the EFA about freelancing, business, genre, and other skills (go to the-efa.org for current offerings)

Style Manuals

Whether you write, edit, or proofread (and probably if you index as well), you need to know at least one major style manual—and understand what a style manual or guide is. These are the ones to be aware of, and there are others specific to various genres (from livestock to weaponry to video games, art, and more) or different versions of English. Clients also will have their own versions or exceptions to these guides that you might be asked to follow.

If you're asked to take a writing, editing, or proofreading test, be sure to ask if the client prefers a specific style that you should follow. Asking shows you're a professional who understands the nature of editorial work and the publishing world. Sometimes, it is appropriate for you to customize a style sheet for your client. (See *What's Your Style?* in the EFA booklet catalogue.) The leading style manuals and resources include:

- American Medical Association (for health, medical, and some scientific projects)
- *Associated Press Stylebook* (for journalism)
- *The Bluebook* (for legal citations and documents)
- *The Chicago Manual of Style* (often preferred for books, academia, journals, legal documents)
- *The Conscious Style Guide*, Karen Yin
- Council of Science Editors (for scientific and some technical projects)
- Disability Language Style Guide (a project of the National Center on Disability and Journalism at Arizona State University)
- The Diversity Style Guide (a project of the Center for Integration and Improvement of Journalism at San Francisco State University)
- *The Global English Style Guide*, John R. Kohl
- Government Publishing Office (for federal, state, and local government projects)
- Modern Language Association (for some dissertations and academic manuscripts)

- *Publication Manual of the American Psychological Association* (for academia, science, and social science)
- *Wired Style: Principles of English Usage in the Digital Age* (for online work)

Courses

- The EFA (the-efa.org)
- Editorial Arts Academy (editorialartsacademy.com)
- Editorial Inspirations (editorialinspirations.com)
- "The Keys to Effective Editing" and other topics, College of Eastern Idaho, (ed2go.com/cei/)
- Editcetera's training, workshops, and online courses (editcetera.com)
- Grad School USA (formerly USDA Grad School) courses (graduateschool.edu)
- Local and online college classes and certificate programs, writers' centers and conferences, and continuing education programs
- Associations in your niche, specialty, degree, or industry in areas other than editorial work

Miscellaneous

- Be a Better Freelancer® annual conference, hosted by Communication Central and NAIWE (communication-central.com)
- The Editorium's macros and other time-saving editing and proofreading tools (editorium.com)
- Freelance Editorial Services' wordsnSync's Max — the Real-Time Stylesheet™ (freelanceeditorialservices.com)
- "Getting Started as a Freelance Copyeditor" and the Copyeditor's Knowledge Base from EFA member Katharine O'Moore-Klopf (kokedit.com)
- Paul Beverley's free book of macros (archivepub.co.uk/macros.html)
- PerfectIt consistency checker (intelligentediting.com)

Guides on Setting Rates

- The *An American Editor* blog (americaneditor.wordpress.com)
- Bay Area Editors' Forum surveys
- *The Business of Editing: Effective and Efficient Ways to Think, Work, and Prosper*, by Richard Adin with Jack Lyon and Ruth E. Thaler-Carter
- Colleagues
- *Copy Editing*, by Karen Judd
- The EFA's *Editorial Chart of Common Rates*
- *The Science, Art and Voodoo of Freelance Pricing and Getting Paid*, by Jake Poinier
- *What to Charge*, by EFA member Laurie Lewis

Time to Get Started!

It has been a pleasure to share the knowledge gained over many years of experience with prospective new editorial freelancing colleagues. Armed with these tips and resources, you should be prepared to start your freelance editorial business on a positive note with a strong chance for success. We wish you all the best in your efforts.

About the Authors

 Ruth E. Thaler-Carter (writerruth.com) has done free-lance writing for pay since high school; was an in-house writer, editor, and/or proofreader for a weekly newspaper, university administration newsletter, international maga-zine, national trade association, and public hospital; has been a full-time freelance writer/editor since 1984; and has won awards for her writing, editing, and newsletter work. She is the author and publisher of *Get Paid to Write! Getting Started as a Freelance Writer*, a booklet that expands on a workshop she has presented to various professional organizations. She is also a contributing author, with Jack Lyon, to *The Business of Editing* by Richard Adin and coauthor of *The Who, What and Where of Eldercare: A Handy, Step-by-Step Guide to Help Navigate the Maze of Caregiving*.

Thaler-Carter created the Be a Better Freelancer® conference of Communication Central (communication-central.com) in 2006 and has hosted the event every year since, now in partnership with the National Association of Independent Writers & Editors (naiwe.com). She is also the owner of A Flair for Writing, which helps independent authors get published, and the *An American Editor* blog, which covers editing, writing, proofreading, and freelance business matters.

Thaler-Carter joined the EFA in 2004 and has served as local chapter coordinator, national conference coordinator and speaker, Job List committee member, elected board member at large, national newsletter editor, and workshop and webinar presenter. She was a founding member of the National Writers Union and has been active in NAIWE, Cat

Writers' Association, ACES: The Society for Editing, American (formerly Washington) Independent Writers, Edpress, Association for Women in Communications, Baltimore Writers Group, Capital Press Club, Greater St. Louis Association of Black Journalists, International Association of Business Communicators, Society for Technical Communication, Association Media & Publishing, Society of Professional Journalists, and Writers & Books, as well as several email and online discussion groups for freelancers and other communications professionals. Thaler-Carter teaches classes and workshops about freelancing, writing, editing and proofreading, websites, and newsletters for various organizations.

 Robin Martin (TwoSongbirdsPress.com) has been a member of the EFA since 2009, when she started her own full-time freelance business. Robin works with fiction and nonfiction writers and businesspeople to get their messages to their intended audiences with the desired outcomes. The managing editor for a creative nonfiction and digital arts literary magazine, Martin also manages, edits, and creates content for business marketing materials. She became the Publications chairperson for the Editorial Freelancers Association in 2019, and is the author of the 2017 EFA booklet, *What's Your Style: Creating a Custom Style Guide for Your Client.*

About the
Editorial Freelancers Association (EFA)

Celebrating 50 Years!
Dedicated to the Education and Growth
of Editorial Freelancers

The EFA is a national not-for-profit — 501(c)6 — organization, headquartered in New York City, run by member volunteers, all of whom are also freelancers. The EFA's members, experienced in a wide range of professional skills, live and work all across the United States and in other countries.

A pioneer in organizing freelancers into a network for mutual support and advancement, the EFA is now recognized throughout the publishing industry as the source for professional editorial assistance.

We welcome people of every race, color, culture, religion or no religion, gender identity, gender expression, age, national or ethnic origin, ancestry, citizenship, education, ability, health, neurotype, marital/parental status, socio-economic background, sexual orientation, and/or military status. We are nothing without our members, and encourage everyone to volunteer and to participate in our community.

The EFA sells a variety of specialized booklets, not unlike this one, on topics of interest to editorial freelancers at the-efa.org.

The EFA hosts online, asynchronous courses, real-time webinars, and on-demand recorded webinars designed especially for freelance editors, writers, and other editorial specialists around the world. You can learn more about our Education Program at the-efa.org.

To learn about these and other EFA offerings, visit the-efa.org and join us on social media:

Twitter: @EFAFreelancers
Instagram: @efa_editors
Facebook: editorialfreelancersassociation
LinkedIn: editorial-freelancers

Samadhi

Desbloqueando las diferentes etapas del Samadhi según los Yoga Sutras de Patanjali

Tabla de contenido

Introducción

¿Está interesado en practicar yoga, pero no sabe por dónde empezar? ¿O es un practicante de yoga que quiere saber más sobre esta práctica y comprender los principios y las filosofías que la sustentan? Si su respuesta es afirmativa, entonces descubrirá lo útil que es estudiar el Samadhi, el estado que puede traerle más felicidad, que el dinero y las cosas de otro mundo no pueden proporcionar.

Es el estado en el que tiene un control total de sus sentidos mientras recibe un poder más que suficiente para alcanzar lo divino. Cuando alcance este estado de yoga, notará que su cuerpo se une a lo venerable. No es fácil de lograr y requiere un esfuerzo dedicado, compromiso y práctica.

Aquí es donde este libro, Samadhi: Desbloqueando las diferentes etapas del Samadhi según los Yoga Sutras de Patanjali, puede ayudarle. Tiene información actualizada sobre el Samadhi para guiarle a lo largo de su viaje para tratar de alcanzarlo. Este libro está escrito para que incluso los principiantes puedan entenderlo fácilmente y es completo.

Si bien no puede forzarse a alcanzar el estado de Samadhi, los conocimientos que proporciona este libro le ayudarán a que se produzca de forma espontánea, de forma similar a cuando se medita. Al final de este libro, le resultará fácil experimentar el Samadhi, lo que le permitirá ser más consciente de su mente.

El estado de Samadhi es comparable al sueño profundo, excepto que usted está completamente consciente mientras experimenta el Samadhi. Su capacidad para alcanzar este estado le permite aprovechar al máximo el poder del yoga, no solo en su salud mental y emocional, sino también para mejorar su estado físico.

PRIMERA PARTE: Introducción

Capítulo 1: Introducción a los Yoga Sutras

Tanto si es un principiante como un practicante de yoga experimentado, sabe que el yoga tiene mucho más significado que las cosas que hace en la esterilla. Las posturas realizadas y ejecutadas en su esterilla tienen más significado que lo que otros ven y creen.

Una de las cosas del yoga que lo hace significativo en la vida de sus practicantes es el yoga sutra. Creados por Patanjali, un famoso filósofo del yoga hace unos dos mil o tres mil años, los yoga sutras consisten en un conjunto de textos diseñados para guiarle en la consecución de una vida más feliz, satisfecha e iluminada.

Practicar yoga adoptando estos sutras le conduce a un estado en el que vivirá una vida llena de felicidad, intención y propósito. Este conjunto de textos significativos puede proporcionar una sabiduría antigua aplicable incluso en el mundo moderno, empujándolo en la dirección correcta y dándole nuevas perspectivas sobre las cosas.

¿Qué debe saber sobre los Yoga Sutras?

Básicamente, puede ver el yoga sutra como un libro de texto práctico y significativo que le sirve de guía durante su viaje hacia la consecución de la paz, la felicidad y la iluminación espiritual. Tenga en cuenta que el verdadero propósito del yoga es unir su cuerpo, alma, espíritu y mente.

Según los principios del yoga, los humanos tienden a sufrir debido a la ilusión de que su conciencia individual está separada de Brahman o la conciencia universal. Con la ayuda del yoga sutras, será guiado durante su viaje espiritual para que pueda recordar constantemente esa importante unión y olvidar la ilusión de la separación.

Compuestos por 196 verdades (textos o aforismos), cada uno de los cuales aborda un peldaño único y le acerca a la iluminación a través del yoga, obtendrá lo que desea de la práctica. Los 196 textos del yoga sutras son solo versos sencillos y cortos, pero tienen un significado completo y profundo. Cada texto proporciona sabiduría práctica.

Si tiene la intención de seguir el yoga espiritual, puede meditar o estudiar estos sutras con regularidad. Incluso puede poner en práctica la sabiduría que transmite cada texto aplicándola y utilizándola en su vida diaria. Esto significa aplicar lo que ha aprendido de los sutras incluso cuando ya no esté meditando o practicando yoga.

Pero sepa que, al igual que otros textos yóguicos, digerir y comprender los sutras y ponerlos en práctica requiere tiempo, esfuerzo y paciencia. Aun así, con dedicación y compromiso, y la voluntad de entender el significado profundo de cada texto y su aplicación individual a su vida diaria, puede finalmente lograr los resultados deseados del yoga.

La mejor manera de tener una comprensión clara de los yoga sutras es encontrar o elegir la traducción perfecta. Tenga en cuenta que los textos estaban originalmente en sánscrito, por lo que es necesario encontrar las traducciones más adecuadas para comprender

su significado. Los sutras han sido traducidos tantas veces que se han perdido algunos conocimientos y principios de las enseñanzas de Patanjali.

Los yoga sutras son frases crípticas y cortas. Le resultará difícil entender cada uno de ellos, especialmente si no busca la ayuda de un experto. Para entender el significado de los sutras, acuda a las traducciones presentadas por sabios igualmente respetados y de gran renombre, como B.K.S. Iyengar, Swami Satchidananda y Swami Jnaneshyara Bharati.

Estos hombres proporcionaron el análisis y las traducciones más sensatas de los yoga sutras. Solo hay que recordar que estos sabios tienen puntos de vista contradictorios, aunque esas opiniones diferentes no surgen de ellos compitiendo. Sus traducciones individuales muestran cuáles son sus creencias respecto a las enseñanzas que Patanjali comunica a los practicantes de yoga.

¿Quién es Patanjali?

Fue Patanjali quien compuso e ideó los yoga sutras. Aunque hay poca información sobre Patanjali, algunos presumen que era indio. La mayoría cree que vivió durante los siglos II y IV a. C.

Aparte de los yoga sutras, Patanjali también obtuvo créditos por un par de otros escritos, como un comentario sobre el texto básico de Ayurveda conocido como Charaka Samhita y el tratado de gramática sánscrita llamado Mahabhasya. Patanjali también fue reconocido debido a tres aspectos principales del conocimiento, un psicólogo increíble, ya que imparte el conocimiento del yoga para la purificación de la mente, un médico fantástico por dar a la gente la ciencia del Ayurveda para la purificación del cuerpo, y gramático por desarrollar el Mahabhasya diseñado para purificar el habla de uno.

El sabio Patanjali ofreció al mundo un buen regalo al traer a la vida una filosofía tan profunda e intelectual. Patanjali presentó este regalo en forma de yoga sutras y de tal manera que incluso el buscador promedio de la espiritualidad puede utilizar y seguir fácilmente. Por

lo tanto, es una de esas hojas de ruta que cualquier persona interesada en el yoga puede seguir para alcanzar la iluminación.

Afortunadamente, los yoga sutras son traducidos y comentados por muchas personas, lo que hace que se conecten con cualquiera que busque la felicidad y la iluminación a partir de la práctica. Una de las traducciones y comentarios más famosos de los yoga sutras es la realizada por Vyasa.

Vyasa proporcionó el comentario más fidedigno, aunque también es el más difícil de entender, ya que lo acompañan oscuras terminologías. A pesar de las formas algo difíciles de descifrar el significado de cada sutra, su relevancia para el yogui moderno sigue siendo innegable. Sigue siendo relevante hasta el día de hoy, incluso cuando su lanzamiento global ocurrió hace más de mil años.

Con los yoga sutras de Patanjali, recibirá unas importantes palabras de sabiduría, inspiración y dirección. Todas ellas son útiles para determinar cómo puede disfrutar de una vida más satisfactoria y significativa.

Capítulos de los Yoga Sutras

Una cosa que hay que saber sobre los yoga sutras es que vienen en cuatro capítulos. Sutras significa hilos, concretamente los sucintos y elegantes hilos de conocimiento que permiten profundizar en el núcleo y el significado esencial del yoga.

Sin embargo, todavía hay algunos que siguen debatiendo si los yoguis pueden obtener beneficios similares de los sutras traducidos al inglés que cuando intentan leerlos en sus formas originales en sánscrito. Han surgido algunas controversias en cuanto al número de capítulos, ya que otros dicen que deberían ser solo tres, puesto que los restantes ya son redundantes.

A pesar de ello, esto ayuda a comprender sus cuatro capítulos originalmente conocidos, es decir:

Samadhi Pada

El enfoque de este primer capítulo de los yoga sutras, el Samadhi Pada, es la iluminación. Se centra más en la meditación y la concentración. Contiene alrededor de 51 sutras, y aborda el proceso exacto de convertirse en uno. Se llamó Samadhi Pada porque el yoga sirve de culminación del Samadhi. Patanjali comenzó con los sutras aquí para iluminar el alma interior del buscador o Sadhaka.

Los sutras de este capítulo hablan de las definiciones del yoga, de los obstáculos que puede encontrar al tratar de alcanzar sus beneficios, de los principales propósitos de la práctica del yoga y de lo importante que es practicarlo constantemente. Los yoga sutras en Samadhi Pada también abordan el tema del vairagya, que consiste en encontrar formas de desapegarse de las experiencias materiales.

Para que conozca los sutras de este capítulo en concreto, aquí está su contenido:

- Yoga sutras 1.1 al 1.4: se enfocan en la definición del yoga en lo que respecta a la purificación de la mente.
- Yoga sutras 1.5 al 1.11: abordan las fluctuaciones mentales disminuidas o eliminadas por el yoga. Estas fluctuaciones mentales incluyen Pranama o cognición correcta, Viparyaya o concepto erróneo, Vikalpa o imaginación, Nidra o sueño, y smriti o memoria.
- Yoga sutras 1.12 al 1.16: explicaciones detalladas sobre las diferentes formas de entrar en el estado de yoga, incluyendo la búsqueda del equilibrio correcto en la serenidad y la persistencia.
- Yoga sutras 1.17 al 1.18: se centran en la definición de samskara y samadhi, ambos resultados del karma en diferentes niveles.
- Yoga sutras 1.19 al 1.22: hablan de los diferentes tipos de buscadores y del papel que desempeñan la memoria, la voluntad y la devoción durante la práctica de yoga.

• Yoga sutras 1.23 al 1.29: aquí descubrirá la naturaleza de dios (Ishvara) y el sonido sagrado (OM) como símbolo de dios y su significado en su camino al practicar yoga.

• Yoga sutras 1.30 al 1.32: proporcionan información sobre los obstáculos o desafíos que puede encontrar como buscador durante su viaje de yoga.

• Yoga sutras 1.33 al 1.39: diferentes técnicas de abordaje para superar dichos obstáculos o desafíos.

• Yoga sutras 1.40 al 1.51: apoyan su viaje hacia la estabilización de los obstáculos, lo que lleva a la mejor experiencia del yoga a través de varios Samadhi.

Sadhana Pada

El siguiente capítulo de los yoga sutras es el Sadhana Pada, que trata de la práctica real del famoso yoga. Tiene 55 sutras, con la mayoría proporcionando directrices e instrucciones que debes seguir y adherirte cuando practiques el yoga. Describe el yoga de acción llamado Kriya yoga y el yoga de los 8 miembros (Ashtanga yoga).

En este capítulo se presentan diversas técnicas y métodos destinados a eliminar gradualmente los obstáculos en el camino. También aborda las principales consideraciones teóricas sobre la práctica yóguica. En la última parte, se presentan algunos pasos o caminos para alcanzar el Raja yoga.

Para darle una visión general de lo que puede esperar de Sadhana Pada, aquí están algunas cosas cubiertas en este capítulo:

• Yoga sutras 2.1 al 2.2: introducen a los yoguis en el Kriya yoga

• Yoga sutras 2.3 al 2.9: proporcionan información sobre las aflicciones psicológicas o Kleshas

• Yoga sutras 2.10 al 2.11: ofrecen formas de deshacerse de cualquier carga espiritual con la que se pueda estar lidiando

- Yoga sutras 2.12 al 2.16: introducen las principales causas de Klesha y sus orígenes individuales, y su relación con el karma o sus actos y acciones

- Yoga sutras 2.17 al 2.26: le permiten entender cómo tratar la causa principal de su sufrimiento al practicar yoga, específicamente el Klesha

- Yoga sutras 2.27 al 2.29: introducen al ashtanga yoga, que cubre los 8 miembros del yoga

- Yoga sutras 2.30 al 2.45: explican todo sobre Niyama y Yama

- Yoga sutras 2.46 al 2.48: describen Asana

- Yoga sutras 2.49 al 2.52: resume el concepto de Pranayama

- Yoga sutras 2.53 al 2.55: explicación en profundidad de Dharana

Vibhuti Pada

Vibhuti Pada se refiere al tercer capítulo de los yoga sutras, que incluye alrededor de 56. Este capítulo trata sobre el poder, la manifestación y los resultados esperados, especialmente cuando se alcanza la unión deseada. Mientras que el segundo capítulo hablaba de los ocho miembros, este se enfoca más en los seis, dejando los dos últimos, el Samadhi y el Dhyana, abordados en el tercer capítulo.

Aparte de los dos últimos miembros tratados en este capítulo, también hace hincapié en la eficacia del yoga para potenciar la mente. Hace a los yoguis más conocedores de las manifestaciones y poderes yóguicos. Le empuja a la progresión más profunda de la práctica mientras se centra en el poder de la mente para manifestar.

Los siguientes son los sutras declarados en Vibhuti Pada:

- Yoga sutras 3.1 al 3.3: abordan los dos o tres miembros restantes del yoga

- Yoga sutras 3.4 al 3.9: definen Samyama o el arte de mantenerse unido

- Yoga sutras 3.10 al 3.16: habla de Parinama o transformación y sus diferentes tipos
- Yoga sutras 3.17 al 3.49: destaca los poderes que proporciona el yoga (Siddhis)
- Yoga sutras 3.50 al 3.56: se enfocan en la liberación o Kaivalya

Kaivalya Pada

Este último capítulo, el Kaivalya Pada, contiene 34 sutras que se centran en la libertad o la liberación, el resultado al que aspiran todos los practicantes de yoga. Se denomina Kaivalya, el equivalente sánscrito de la palabra desprendimiento o aislamiento.

Destaca la necesidad de liberar o aislar el alma, desprendiéndola de las trampas del mundo físico, por lo que el objetivo principal de este capítulo es permitirte alcanzar la libertad o liberación absoluta, incondicional y completa de todo lo mundano.

Los yoga sutras aquí sirven como herramientas para desarrollar su experiencia interior mientras mantiene su espíritu elevado. Le permite enfocarse más en la práctica del yoga para que logre la sabiduría y cultive la habilidad de dejar que la luz interior lo guíe a través del momento actual.

- Yoga sutras 4.1 al 4.3: cubren las diferentes formas de alcanzar la realización o plenitud
- Yoga sutras 4.4 al 4.6: discuten la habilidad y el poder de Chitta
- Yoga sutras 4.7 al 4.8: abordan las acciones y los hechos o acciones (karma)
- Yoga sutras 4.9 al 4.11: tratan las explicaciones sobre lo que son los deseos y sus posibles consecuencias
- Yoga sutras 4.12 al 4.14: destacan las Tri-Gunas
- Yoga sutras 4.15 a 4.28: proporcionan un método para deshacerse de cualquier desafío u obstáculo mientras se intenta alcanzar la liberación

• Yoga sutras 4.29 a 4.33: explican los muchos cambios que probablemente encontrará una vez que alcance la fase de liberación

• Yoga sutras 4.34: aborda los sentimientos asociados al logro de la liberación completa (*Kaivalyam*)

En general, los yoga sutras de Patanjali, así como su historia, abarcan el desarrollo de la disciplina y la fortaleza mental, ambas necesarias para su viaje hacia el logro de los resultados deseados. Aunque estos sutras no cubren todos los demás temas relacionados con los sistemas de yoga, puede considerarlos como clásicos.

Estos famosos y clásicos sutras sirven incluso como fuentes constantes de inspiración para todos los yoguis, dirigiendo las interpretaciones algo interminables de sus textos sánscritos. Aprendiendo el significado profundo de cada sutra, es posible alcanzar la felicidad genuina y la paz interior que desea.

Capítulo 2: Ashtanga Yoga: los prerrequisitos para el samadhi

El Ashtanga yoga es un concepto del que se habla mucho en los yoga sutras de Patanjali. Abarcando los ocho miembros del yoga, Ashtanga es como Patanjali clasifica el yoga clásico. Puede ver estos miembros expuestos en los sutras, que siguen siendo populares hasta el presente.

Debe comprometerse a dominar estos ocho miembros o prácticas en el Ashtanga yoga para trascender el sufrimiento e identificar su verdadera naturaleza. Practicar los ocho miembros es necesario para alcanzar el objetivo real del yoga. Recuerda que estos miembros siguen una secuencia que va desde lo externo (exterior) a lo interno (interior).

Es un camino óctuple compuesto por prescripciones para vivir una vida con propósito y moralmente disciplinada. También es donde las posturas de yoga (asanas) deben formar un solo miembro.

El comienzo real del Ashtanga Yoga

El Ashtanga yoga se inició a partir de los sutras del yoga de Patanjali, pero fue desarrollado en una estructura amada y conocida por muchos hoy en día a través de dos maestros de yoga de la India llamados Pattabhi Jois y Krishnamacharya. Famoso por ostentar el

título de padre del yoga moderno, Krishnamacharya fue el maestro de Pattabhi Jois. Le enseñó una secuencia de posturas o asanas adaptadas a una persona concreta, pero que en líneas generales seguían un patrón similar.

Pattabhi, junto con los demás estudiantes a los que enseñaba Krishnamacharya, practicaba diariamente sus secuencias individuales de yoga siguiendo su propio ritmo. Cada sesión estaba bajo la guía y supervisión de su maestro. Krishnamacharya introdujo poco a poco a sus alumnos en posturas que los desafiaban aún más. Les presentaba nuevas posturas cada vez que mostraban una mejora en su resistencia, flexibilidad y fuerza.

También cambió la secuencia individual de cada estudiante, desafiándolos aún más. Puso en práctica los medios tradicionales de aprendizaje del yoga. No implicaba asistir a una clase con un grupo que sigue una secuencia similar. En su lugar, utilizó un enfoque más personalizado y a medida. Con la supervisión, la guía y el apoyo del maestro, los alumnos se movían y ejecutaban las posturas a su propio ritmo.

También llamado ashtanga yoga al estilo de Mysore, este enfoque de enseñanza tradicional, muy popular en el pasado, suele seguir una configuración individual, lo que permite al maestro prescribir una secuencia de yoga en función de las necesidades únicas del alumno. Después de aprender de Krishnamacharya, Pattabhi Jois siguió aplicando este enfoque de enseñanza a un nuevo grupo de estudiantes.

Dio nombres a las secuencias de yoga, la primera de las cuales se llama *serie primaria*. La serie intermedia, y las secuencias más avanzadas, a saber, Avanzada A y Avanzada B, entre muchas otras, siguieron a la primaria.

Jois introdujo poco a poco a sus alumnos en la serie primaria del Ashtanga Yoga. Se comprometió a hacer un seguimiento del progreso del estudiante para facilitar la identificación de la preparación para pasar a las series intermedias y avanzadas. Esta configuración específica de enseñanza y aprendizaje del Ashtanga es adecuada para el propósito final de la práctica, que es purificar la mente y el cuerpo de acuerdo con su propio ritmo.

Le permite moverse cómoda y poderosamente mientras elimina cualquier extra en cuanto a su salud física y mental que pueda interferir con la práctica. Con ello, puede seguir fácilmente el óctuple sendero o los 8 miembros del yoga.

¿Qué es el óctuple sendero del yoga?

Al estudiar los yoga sutras, instantáneamente descubre que viene con una colección de prácticas y observancias diseñadas para guiarlo en todo su viaje espiritual. Esta colección específica de prácticas se clasifica como el óctuple sendero del yoga o los 8 miembros del yoga. Aquí están:

Yamas

Yamas es la primera etapa del óctuple sendero. Abarca todas las reglas éticas que se practican en el hinduismo, y puede verse estas reglas como códigos o imperativos morales. Como comportamiento social, abarca la forma en que trata a los demás y al mundo que le rodea.

Para superar esta etapa con éxito, es importante dominar los siguientes cinco Yamas, clasificados como sus principios morales.

• Satya, que se refiere a la veracidad: Esto significa mantenerse alejado de la falsedad o de cualquier cosa que le aleje de la verdad. Para dominar este Yama, no diga mentiras. Un ejemplo de desviación de Satya es engañar o mentir sobre el impuesto sobre la renta.

• Ahimsa, que aborda la no violencia: Le entrena para dejar de dañar a todas las criaturas en los hechos y en los pensamientos. Este Yama no tolera ninguna forma de violencia, ya sea en acciones, palabras o pensamientos.

• Asteya, que se centra más en la no-robar: Significa practicar el hábito de no robar o incluso tener la intención de robar la propiedad de otros a través de los pensamientos, la palabra y la acción. Asteya no solo abarca las cosas materiales. También incluye cosas intangibles, como robarle a su hijo la oportunidad de aprender a ser independiente y responsable, lo que podría ocurrir si le impide hacer algo por su cuenta.

• Brahmacharya, que tiene que ver con la castidad, la restricción sexual y la fidelidad matrimonial: No, esto no significa que deba practicar el celibato cuando se convierta en yogui. Usted es libre de casarse y formar su propia familia. Lo que este Yama significa es que hay que evitar el ensimismamiento. En cambio, su enfoque debe ser morar en la inmensidad, lo que significa ver la divinidad en todo.

• Aparigraha (que aborda la no posesión y la no avaricia): Al dominar este Yama específico, podrá finalmente liberarse de la acumulación y el coleccionismo innecesarios, dejando así de lado su avaricia.

Por ejemplo, tiene que dejar de coleccionar más zapatos o de comprar un coche por capricho. Estar en esta etapa también significa dejar de lado su deseo de monopolizar las conversaciones solo porque quiere ser el centro de atención. Viva con sencillez y comparta todo, incluido su espacio, su tiempo y su silencio.

Las prácticas y conceptos incluidos en esta etapa del óctuple sendero del yoga son necesarios para alcanzar la última etapa, que es el Samadhi. Estos códigos morales restringen y evitan que haga algo que pueda obstaculizar su crecimiento personal.

Por ejemplo, un sutra planteado por Patanjali afirma que el hábito de impedirle herir a otros o demostrar violencia puede ayudarle a abandonar la enemistad. Una vez que esto ocurra, podrá perfeccionar su amistad exterior e interior con todas las personas y cosas que le rodean.

Niyama

Esta segunda etapa del óctuple sendero del yoga abarca aquellos principios y prácticas que debe seguir para disfrutar de una vida feliz y moralmente correcta. Abarca algunas observancias y hábitos virtuosos, y sus deberes, pero también destaca la acción que debe realizar hacia el mundo exterior.

Lleva el prefijo "ni", el equivalente sánscrito de dentro o hacia adentro. Llegar a esta etapa requiere maestría:

- Shaucha, que consiste en practicar la pureza: Se puede alcanzar practicando los cinco primeros Yamas, y puede erradicar todos sus estados mentales y físicos negativos. Este Niyama también consiste en mantener limpios el cuerpo, la ropa y el entorno. Requiere tratar el cuerpo con cuidado y respeto y asegurarse de nutrirlo con alimentos sanos y frescos.

- Santosha, que aborda la satisfacción: Este Niyama aborda la importancia de encontrar la felicidad genuina con lo que uno es y lo que tiene actualmente. Aquí, debe aceptarse a sí mismo, asumiendo la responsabilidad de su circunstancia actual, y encontrando la felicidad genuina al estar en el momento.

- Tapas, que aborda la disciplina: Le permite perfeccionar habilidades vitales y críticas para la vida, como la persistencia, la autodisciplina y la perseverancia. Para conseguirlo, debe cultivar la disciplina no solo en su mente, sino también en su cuerpo y en su forma de hablar. El objetivo principal de desarrollar la autodisciplina es tener un control total. También dirige su cuerpo y su mente para alcanzar propósitos y objetivos espirituales más elevados.

• Svadhyaya, que implica el estudio de su propio yo y de los Vedas: Este Niyama específico le enseñará a hacer introspección de su propia forma de hablar, sus acciones y sus pensamientos, y a hacer una autorreflexión más profunda.

• Ishvarapranidhana, que requiere que uno contemple a Ishvara: Con la ayuda de este Niyama, uno puede comprender al ser supremo o dios y estar familiarizado con su verdadero ser. También podrá comprender plenamente las realidades inmutables una vez que practique este Niyama.

Al igual que los Yamas, los yoga sutras de Patanjali también presentan formas de utilizar cada Niyama para lograr el crecimiento personal. Entre las cosas que puede cultivar dentro de sí mismo están la aceptación y la satisfacción, ambos instrumentos para la felicidad genuina, la que viene de dentro. Con la aceptación y la satisfacción, le resultará más fácil detener sus deseos de todas las fuentes de placeres mundanos y materiales.

Puede practicar Niyama para viajar aún más a lo largo de su camino para convertirse en un yogui. Es necesario construir el carácter a lo largo del proceso hasta llegar a la etapa final, el Samadhi.

Asana

El tercer estado es Asana. Está más enfocado a la práctica de posturas físicas de yoga. Se refiere al aspecto físico, un paso vital cuando se trata de alcanzar la libertad a través del yoga. Tenga en cuenta que asana no se trata completamente de cultivar la habilidad de un yogui para hacer un impresionante backbend (flexión hacia atrás), headstand (postura sobre la cabeza), o cualquier otra postura compleja. Indica específicamente el asiento que se debe tomar cuando se practica la meditación.

Según las instrucciones de Patanjali, la única alineación que debe practicar para la asana es una postura cómoda y estable. Esto significa hacer posturas que sean lo suficientemente cómodas como para evitar que se tambalee.

Cuando practique varias asanas o posturas, recuerde que no puede clasificar como parte del yoga una postura que le provoque inquietud o dolor. Además, según los yoga sutras, es un requisito practicar la postura correcta de la columna vertebral manteniendo la cabeza, el pecho y el cuello erguidos cada vez que haga una meditación sentada. La postura debe ser fácil y estable.

Patanjali incluso compara la postura como un descanso similar al de una serpiente cósmica que está tranquilamente en el agua del infinito. Mientras que algunos perciben la práctica de asanas o posturas como una forma de ejercicio o un método para mantenerse en forma, Patanjali, junto con otros antiguos yoguis, creía que seguía siendo crucial para preparar el cuerpo para la meditación.

Esto se debe a que sentarse durante un largo periodo en contemplación requiere que el yogui tenga un cuerpo cooperativo y flexible. Requiere que libere su cuerpo de las distracciones físicas, dándole un control total de él, así como de su mente.

La idea principal es sentarse siempre cómodamente. Intente evitar los dolores corporales o cualquier forma de incomodidad, ya que podrían distraerle o causarle inquietud. Si lo hace, estará un paso más cerca de alcanzar la paz, la felicidad y la libertad a través del yoga.

Pranayama

Esta cuarta etapa del Ashtanga yoga, un requisito esencial para alcanzar el Samadhi, consiste en practicar técnicas de respiración. El objetivo es aprender a respirar para obtener el control total de la energía vital. El prana es la energía o fuerza vital que existe en todas partes. Fluye libremente a través de una respiración adecuada.

Por lo tanto, esta etapa consiste en controlar la respiración. Implica movimientos básicos relacionados con la respiración, incluyendo la inhalación, la exhalación y la retención de la respiración. Al dominar las técnicas de respiración adecuadas, se puede cultivar la percepción positiva de las cosas.

En el Pranayama, es necesario atenerse a patrones rítmicos adecuados vinculados a la respiración profunda y lenta. La práctica de esta etapa es necesaria para la purificación y la erradicación de las distracciones de su mente. Si lo logra, podrá concentrarse y enfocarse fácilmente en sus sesiones de meditación.

Varias técnicas de respiración pueden cambiar su mente de diferentes maneras. Puede optar por prácticas calmantes, como la respiración que atraviesa la luna (*Chandra Bhadana*), o estimulantes, como la respiración limpiadora del cráneo iluminado (*Kapalabhati*).

Independientemente de la técnica de respiración que haya elegido practicar, puede contribuir en gran medida a cambiar su estado de ser positivo. Solo asegúrese de practicarla mientras se propone controlar sus sentimientos o liberarse de cualquier negatividad que su mente tenga habitualmente.

Pratyahara

El siguiente del Ashtanga yoga es el Pratyahara. Es la quinta rama que trata sobre la trascendencia sensorial o la retirada de los sentidos. Se llama Pratyahara de *Pratya*, que significa retroceder o entrar o retirarse, y *Ahara*, que significa cualquier cosa que toma por sí mismo. Algunos ejemplos son los diferentes sonidos, olores y sonidos tomados por sus sentidos continuamente.

En esta etapa específica, haga un esfuerzo para alejar su conciencia y conocimiento de los estímulos externos y del mundo exterior. Es necesario dirigir su atención a lo interno.

Practicar el Pratyahara le permite dar un paso atrás para poder mirarse de cerca y reflexionar. El hecho de que necesite retirarse de todos sus sentidos significa que puede observar sus anhelos de una manera más objetiva. De este modo, puede reflexionar sobre aquellos hábitos poco saludables que pueden obstaculizar su salud general y su crecimiento interior.

Propóngase practicar esta etapa cada vez que medite. Hágalo también cada vez que realice ejercicios de respiración o posturas de yoga. Básicamente, cada vez que desea dirigir su atención y enfocarse internamente es una oportunidad para practicar Pratyahara.

Cultivar un alto nivel de enfoque y concentración puede ser extremadamente difícil cuando ya está en su sala de yoga. Es cierto, especialmente si no ha dominado el arte de abstraerse de sus sentidos o deshacerse de las distracciones. Puede combatir tal dificultad una vez que finalmente domine el Pratyahara.

Cuando eso ocurra, notará una mejora posterior en su enfoque y concentración, ya que nada puede distraerle, ni siquiera el olor de la comida en el exterior o el sonido de un mosquito volando. El hecho de que la *inhalación* signifique concentrarse en la respiración también significa que este miembro se relaciona directamente con la práctica del Pranayama. También puede acercarle mucho más a la etapa final, que es el Samadhi.

Dharana

La siguiente fase es *Dharana*, que literalmente significa concentración enfocada. Viene de las palabras sánscritas "Dha", que significa mantener o sostener, y "Ana", que se traduce como algo más u otros. Tiene una fuerte y estrecha relación con los miembros cuarto y quinto: el Pranayama y el Pratyahara.

Esta etapa le anima a enfocarse fuertemente en algo. Requiere que se aparte de sus sentidos para que pueda llevar su atención al punto final de la concentración. Además, para atraer sus sentidos, es necesario tener intención, enfoque y concentración.

Este sexta miembro requiere que tome en serio el concepto popularizado por Patanjali, que implica atar su pensamiento en un solo lugar para lograr la concentración completa. El objetivo principal aquí es mantener la mente quieta, apartando todos los pensamientos superfluos, pero de forma suave y gradual.

Se puede lograr esa quietud y concentración a través de varios medios, incluyendo la focalización en la respiración, la contemplación de velas (*Tratak*) y la visualización, todas ellas prácticas famosas del sexto miembro. Una vez que se domina la Dharana, la concentración se realiza sin esfuerzo. Una señal que indica que ha conseguido que su mente alcance la concentración plena es la incapacidad de percibir el paso del tiempo.

Dhyana

Dhyana, que es el séptimo miembro o etapa del Ashtanga yoga, tiene que ver con la contemplación y la meditación. Se refiere al flujo de enfoque y concentración sin ser interrumpido o distraído por nada. Puede pensar que esta etapa es como Dharana, ya que la sexta etapa también trata de la concentración, pero recuerde que las dos etapas son diferentes.

Un ángulo de diferenciación es que Dharana está enfocado en la atención unidireccional, mientras que Dhyana trata de alcanzar el estado final de conciencia aguda sin enfocarse en un objeto. Durante esta séptima etapa, ya podrá aquietar su mente, lo que le proporcionará la quietud necesaria para evitar que se cuele cualquier pensamiento.

Tenga en cuenta que alcanzar este estado es admirable, ya que todo el proceso requiere mucha resistencia y fuerza. Aunque es un reto llegar a este importante estado, evite rendirse. Recuérdese a sí mismo que el yoga requiere muchos pasos. Es un proceso largo, así que felicítese una vez que finalmente llegue a este séptima miembro.

Una de las ventajas de alcanzar este estado es el aumento de la conciencia y la unidad con el universo. Es un gran salto hacia la consecución del Samadhi, el estado definitivo en el óctuple sendero.

Samadhi

La última fase que debe alcanzar en el óctuple sendero es el *Samadhi*, un término sánscrito que significa unión, puesta en común, combinación, trance, conjunto armonioso y unión. Al alcanzar esta última etapa, espera ser finalmente uno con el tema principal de la meditación.

Le permite llegar a ese estado espiritual en el que puede animar a su mente a quedar totalmente absorta en algo, particularmente en algo que pretende contemplar. Esta absorción total es la razón por la que su mente pierde su sentido de identidad en esta etapa específica.

En cuanto a Patanjali, describe el Samadhi como la última etapa del Ashtanga yoga. También lo ve como un estado de éxtasis. En este estado, descubrirá una conexión más profunda y más exhaustiva con lo divino, lo que significa tener una fuerte conexión interna con todos los seres vivos.

Una vez que se dé cuenta de que ya está en este estado, notará inmediatamente una paz genuina. Esto le permitirá experimentar la dicha pura asociada a su unidad con el universo.

Siendo la última etapa, el Samadhi es el objetivo final de cualquier persona que practica el yoga. Note que si se detiene y escudriña lo que realmente quiere en la vida, se dará cuenta de repente de su experiencia cuando se sienta realizado, libre y feliz. Es un sentimiento que puede superar los deseos, los anhelos y las esperanzas. Es lo que el Samadhi pretende cumplir.

El Samadhi es necesario para completar con éxito su sendero yóguico, que puede llevarle a lo que aspira en su interior: la paz y la felicidad. También vale la pena señalar que esta última etapa del yoga no es algo que puede comprar o poseer. En otras palabras, no puede esperar que sea un estado permanente.

Solo está destinado a ser experimentado, dedíquese a la práctica, continúe en este estado a largo plazo. Los yoga sutras de Patanjali indican incluso la importancia de estar completamente preparado, liberándose de cualquier impresión, como hábitos no deseados, deseos, aversión y apego.

Procure cultivar una mente totalmente pura para poder mantener este estado vital durante mucho tiempo. Manteniendo su mente pura, puede experimentar el Samadhi y hacer que se mantenga durante mucho tiempo.

Qué esperar del Ashtanga Yoga

Para aprender más sobre el Ashtanga yoga, su prioridad principal debe ser dominar los ocho miembros y hacerlas parte de su vida. La razón es que el yoga Ashtanga siempre será una forma de yoga físicamente fuerte y tradicional. Siempre girará en torno al principio de tener que incorporar los ocho miembros en su vida.

Este tipo de yoga también parece funcionar para cualquier persona que esté dispuesta a un desafío. La razón principal es que el Ashtanga le permite sudar y desarrollar su fuerza exterior e interior. Puede aumentar significativamente su sentido y enfoque para su cuerpo. También puede proporcionar un excelente entrenamiento cardiovascular, ya que implica movimientos rápidos.

Teniendo en cuenta los ocho miembros por los que hay que pasar, se puede suponer con seguridad que el Ashtanga yoga aumenta la conciencia de la fluidez y el movimiento del propio cuerpo. Además, espera tener un mejor sentido del ritmo con esta forma de yoga. El hecho de que le permita moverse a su propio nivel y a su propio ritmo es también una gran ventaja. Solo tiene que seguir el óctuple sendero hasta llegar a la meta, que es el Samadhi.

Capítulo 3: Samadhi Pada: Los fundamentos del Samadhi

Como se indicó anteriormente, el Samadhi es la última etapa que debe alcanzar para sacar el máximo provecho del óctuple sendero del yoga. Se trata de tener una mente fija para comprender o entenderse a sí mismo. Finalmente puede decir que ha alcanzado el Samadhi si su mente entra en ese estado.

El Samadhi también consiste en alcanzar un nivel de insonorización de la respiración. Esto le permite estar en ese estado en el que puede experimentar la dicha genuina con su nivel de conciencia superior. Con eso, sería más fácil percibir la identidad única e individualizada del alma y del espíritu cósmico.

Tenga en cuenta que el yoga requiere seguir un camino único al alcanzar el Samadhi. Es diferente de las versiones utilizadas por los hindúes y los budistas. Dicho camino fue discutido en el capítulo anterior, el óctuple sendero del yoga.

Llegar al Samadhi muestra que finalmente se han unido tres aspectos vitales de la meditación, a saber, el meditador, el acto real de la meditación y el objeto específico de la meditación llamado Dios.

Como etapa última, puede considerarse como el clímax de toda actividad intelectual y espiritual. También se relaciona con el Samadhi Pada, que es el primer capítulo de los sutras de yoga de Patanjali. Aquí, lo más probable es que se enfoque en perfeccionar la concentración.

Contiene 51 sutras divididos en varias secciones, por lo que es de esperar que se aprendan muchas cosas en este capítulo. Entre ellas se encuentra la descripción del yoga, los diferentes tipos de pensamientos, cómo descolorar los pensamientos, la práctica y los principios de no apego, las diferentes fases o etapas de la concentración, los compromisos y los esfuerzos, los obstáculos o desafíos y las soluciones, y los resultados positivos de conservar la estabilidad de su mente.

Aquí están los 51 yoga sutras del Samadhi Padha (el primer capítulo) con sus traducciones basadas en las palabras sánscritas que los componen. Con los sutras divididos en secciones, puede entenderlos aún mejor.

Descripciones de yoga (del 1.1 al 1.4)

Yoga Sutras - Sanskrit	Traducción	Referencias de palabras
1.1: अथ योगानुशासनम् - atha yoga-anuśāsanam	Ahora, la práctica del yoga.	Atha: ahora, a partir de este punto Yoga: yoga (ver definición en el Sutra 2) Anusasanam: instrucciones para la práctica

1.2: योगश्चित्तवृत्तिनिरोध - yogaś-citta-vṛtti-nirodhaḥ	El yoga consiste en impedir que la mente o los pensamientos hagan modificaciones.	Yogah: Yoga Chitta: cosas de la mente, pensamiento Vritti: ondulaciones, modificaciones Nirodhah: parar
1.3: तदा द्रष्टुः स्वरूपेऽवस्थानम् - tadā draṣṭuḥ svarūpe-'vasthānam	En ese momento, reposa la verdadera naturaleza o la propia forma del vidente o espectador.	tada: entonces, en ese momento drashtuh: el vidente, el espectador svarupe: forma propia, verdadera naturaleza avasthanam: descansa
1.4: वृत्ति सारूप्यमितरत्र - vṛtti sārūpyam-itaratra	De otra manera, el vidente / espectador forma las modificaciones / ondulaciones de la mente.	vritti: ondulaciones, modificaciones sa: similar rupyam: forma itharatra: de otra manera

La primera sección del Samadhi Pada trata de la preparación. Le prepara para practicar el yoga tal y como lo describe específicamente. Recuerde que solo puede comenzar sinceramente su búsqueda hacia el logro de la autorrealización, que es vital en su vida, si establece su objetivo final en la parte superior de sus prioridades a partir de hoy.

En los yoga sutras de Patanjali, la primera palabra que aparece es Atha, una palabra sánscrita que significa "ahora" (1.1). La palabra implica la preparación para la fase auspiciosa de compromiso y deseo de realización, que es la meta al practicar yoga. Atha es uno de los primeros cuatro yoga sutras que describen la práctica en el primer capítulo, el Samadhi Pada.

Los siguientes tres sutras también describen el yoga. El yoga sutra 1.2, por ejemplo, indica cómo puede mover lentamente su enfoque y atención hacia el interior mientras pasa por todas las fases y niveles de su ser. Esto le permitirá alcanzar la maestría a medida que avanza en el camino. Eso es lo que a menudo se experimenta al meditar.

El yoga sutra 1.3 le permite descansar en su verdadera naturaleza que suele ir más allá de los niveles mencionados. Alcanzar esta realización es el centro de la conciencia, que es el verdadero significado del yoga.

En el yoga sutra 1.4, el énfasis está en la forma en que puede haberse enredado a sí mismo con falsas identidades con frecuencia. Con eso, puede detectar fácilmente la identificación errónea, que es el ciclo de sueño del que debe despertar. Ese despertar a su propio ser es el sentido último del yoga.

Dar testimonio y descolorar los pensamientos (del 1. 5 al 1.11)

Yoga Sutras - Sanskrit	Traducción	Referencias de palabras
1.5: वृत्तयः पञ्चतय्यः क्लिष्टाक्लिष्टा - vṛttayaḥ pañcatayyaḥ kliṣṭākliṣṭāḥ	Las modificaciones son cinco: miseria y no miseria.	vrittayah - ondas, modificaciones pangchatayyah - quíntuple klishta - miseria, doloroso aklishta - no miseria, no doloroso

1.6: प्रमाण विपर्यय विकल्प निद्रा स्मृतय - pramāṇa viparyaya vikalpa nidrā smṛtayaḥ	Conocimiento correcto, idea falsa (noción errónea), percepción ficticia (imaginativa), sueño y memoria.	pramaana: conocimiento correcto viparyaya: noción errónea, idea falsa vikalpa: imaginación, percepción ficticia nidraa: sueño smritayah: memoria
1.7: प्रत्यक्षानुमानाअगमाः प्रमाणानि - pratyakṣa-anumāna-āgamāḥ pramāṇāni	El conocimiento correcto proviene de la percepción directa, el razonamiento lógico o la inferencia, y las escrituras.	pratyaksa: percepción directa anumaana: razonamiento lógico, inferencia aagamah: escrituras pramaanaani: conocimiento correcto
1.8: विपर्ययो मिथ्याज्ञानमतद्रूप प्रतिष्ठम् - viparyayo mithyā-jñānam-atadrūpa pratiṣṭham	La concepción errónea es el falso conocimiento que no se ajusta o difiere de la realidad.	viparyayo: error de concepto, indiscriminación mithya: irreal jnanam: conocimiento atadroopa: no en forma de pratishtham, no basado en la realidad
1.9: शब्दज्ञानानुपाती वस्तुशून्यो विकल्प - śabda-jñāna-anupātī vastu-śūnyo vikalpaḥ	Vikalpa es el conocimiento a través del sonido sin el objeto en la realidad.	shabda: sonido jnana: conocimiento anupati: sigue vastu: objeto soonya: sin, desprovisto vikalpah: percepción ficticia

1.10:　अभावप्रत्ययाअलम्बना तमोवृत्तिर्निद्र - abhāva-pratyaya-ālambanā tamo-vṛttir-nidra	El sueño es la modificación en la que la mente descansa en la oscuridad que carece de impresiones.	abhava: inexistencia pratyayaa: impresiones alambanaa: soporte, descanso tamo: vacío, inercia, oscuridad vritti: modificación de la mente nidraa: sueño
1.11:　अनुभूतविषयासंप्रमोषः स्मृति - anu-bhūta-viṣaya-asaṁpramoṣaḥ smṛtiḥ	La memoria es la modificación que toma el contenido de la experiencia que aún no ha desaparecido del todo.	anuboota: desde la experiencia vishaya: contenido asam: no del todo pramosah: desaparecer smiriti: memoria

Después de entender lo que significa el yoga en los primeros cuatro sutras, puede familiarizarse con el proceso real asociado con el logro de la meta del yoga, que es la autorrealización en los sutras del 1.5 al 1.11. Estos sutras le guiarán a través de los diferentes tipos de pensamientos que pueden interferir con su progreso y le impiden alcanzar su meta.

Entre los tipos de impresiones mentales que interfieren y que podrían impedir que realice su verdadero ser, como se indica en esta sección del Samadhi Pada, están:

- Conocimiento correcto
- Imaginación
- Conocimiento incorrecto
- Memoria
- Sueño profundo

En esta sección específica, descubrirá formas de perfeccionar el primer pensamiento, saber correctamente. Además, tenga en cuenta que estos pensamientos son Klishta (coloreados) o Aklishta (no coloreados). El simple hecho de observar si sus pensamientos tienen o no tienen color es esencial a la hora de equilibrar, calmar, estabilizar o purificar su mente. Hacerlo le permitirá entrar en una meditación más profunda.

Ser testigo y explorar los cinco tipos diferentes de pensamientos es también la clave para aprender cómo puedes dejar que sus colores individuales se desvanezcan. También le informa sobre cómo aprovechar la meditación de yoga para lograr tal propósito. Poco a poco se va descorriendo el velo de la verdad, lo cual es necesario para experimentar su genuino y verdadero ser.

Ser testigo y observar el color real de sus patrones de pensamiento es una práctica útil del yoga. Afortunadamente, puede hacerlo en cualquier momento del día. Le permite meditar en acción o practicar la atención plena, lo que puede contribuir a aclarar su mente nublada. Con eso, espera profundizar mucho más en la práctica durante el tiempo que realice la meditación sentada.

Ser testigo del color de sus pensamientos no es un proceso complicado. Simplemente significa identificar si un pensamiento, junto con su emoción, es de color o no cada vez que surge. Esta sección de los yoga sutras también requiere que usted descubra si una acción o decisión es útil. Al observarla e identificar si es útil o no, tendrá un control completo de sus hábitos.

Con la decoloración de impresiones y pensamientos profundos, recuerde que se hace por etapas. Al hacer el proceso de decoloración, su objetivo es estabilizar su mente lentamente y debilitar las coloraciones identificadas a lo largo del proceso. Después de lograrlo, podrá vislumbrar lo que hay más allá de sus impresiones de pensamiento y sus coloraciones individuales.

Práctica y desapego (del 1. 12 al 1. 16)

Yoga Sutras - Sanskrit	Traducción	Referencias de palabras
1.12: अभ्यासवैराग्याअभ्यां तन्निरोध - abhyāsa-vairāgya-ābhyāṁ tan-nirodhaḥ	La práctica y el desapasionamiento controlan/detienen las modificaciones de la mente.	abhyasa: práctica vairagya: desapasionamiento abhyam: juntos tan: su nirodhah: detener, controlar
1.13: तत्र स्थितौ यत्नोऽभ्यास -tatra sthitau yatno-'bhyāsaḥ	La práctica es el esfuerzo para el mantenimiento continuo de las modificaciones de detenimiento.	tatra: allí sthitau: para el mantenimiento, situado yatna: esfuerzos abhyasa: práctica
1.14: स तु दीर्घकाल नैरन्तर्य सत्कारा असेवितो दृढभूमि - sa tu dīrghakāla nairantarya satkāra-ādara-āsevito dṛḍhabhūmiḥ	Cuando se observa constantemente con devoción durante mucho tiempo, se establece firmemente.	sa tu: eso también, pero deergha: largo kaala: período de tiempo nairantarya: constante, permanente satkaara: con devoción, reverencia asevito: adherido dridha: fuertemente basado bhoomihi: tierra, suelo, sótano

1.15: दृष्टानुश्रविकविषयवितृष्णस्य वशीकारसंज्ञा वैराग्यम् - dṛṣṭa-anuśravika-viṣaya-vitṛṣṇasya vaśīkāra-saṁjñā vairāgyam	El desapasionamiento es la conciencia de dominio que se alcanza al controlar los deseos de los objetos, ya sean vistos u oídos.	drishta: visto, percibido anushravika: escuchado, de las escrituras vishaya: objetos vitrishnnasya: quien tiene control sobre los deseos vashikaara: dominio samjna: conciencia vairaagyam: desapasionamiento
1.16: तत्परं पुरुषख्यातेः गुणवैतृष्ण्यम् - tatparaṁ puruṣa-khyāteḥ guṇa-vaitṛṣṇyam	El Purusha Supremo se realiza mostrando indiferencia o no teniendo ningún deseo hacia las cualidades de los diversos objetos de la naturaleza.	tat: que param: supremo purusa: el vidente khyati: realización guna: cualidades (sattva, rajo y tamo) vaitrsnyam: ausencia de deseo

En esta sección de Samadhi Pada, usted descubrirá dos principios que sirven como el núcleo del yoga; Abhyasa, que significa práctica, y Vairagya, que significa desapego. Estos son dos principios vitales porque todo el sistema de yoga descansa en ellos.

Con esta sección, puede entender la importancia de comprender los dos principios mencionados. Haciendo esto, obtendrá el control total y el dominio sobre su campo mental y se dará cuenta de su verdadero ser. Aquí, la práctica significa desarrollar una actitud de persistencia, lo que requiere que se esfuerce de manera persistente para lograr y mantener un estado de tranquilidad y estabilidad.

Para que este principio esté bien asentado, dedíquese a esforzarse durante mucho tiempo. En la medida de lo posible, hágalo sin descanso. Esta postura permitirá que la práctica más profunda se desarrolle de forma continua, haciendo posible que profundice aún más en la experiencia directa de su núcleo eterno.

El desapego es un principio que sirve como compañero vital de la práctica. Al cultivarlo, podrá liberarse de todos los obstáculos que le impiden progresar en la práctica del yoga. Entre los que puede dejar ir fácilmente una vez que domine el desapego están el miedo, las falsas identidades y las aversiones, todos los cuales pueden nublar su ser genuino.

La práctica y el desapego funcionan bien juntos, ya que la primera le conduce al camino correcto y adecuado. La segunda le permite continuar con su viaje hacia la búsqueda de la paz interior y la felicidad. Lo hace sin los placeres y dolores que puede encontrar a lo largo del proceso. Dichos placeres y dolores podrían alejarle o desviar su atención.

Poco a poco, puede ampliar su desapego hasta alcanzar la profundidad de sus propias Gunas (bloques de construcción sutiles) y la del universo. Superar esta etapa con éxito le permitirá alcanzar el desapego supremo, que es también la clave para acercarle a su objetivo final de alcanzar la liberación definitiva.

Tipos de concentración (del 1.17 al 1.18)

Yoga Sutras - Sanskrit	Traducción	Referencias de palabras
1.17: वितर्क विचारानन्दास्मिता रूपानुगमात् संप्रज्ञात - vitarka-vicāra-ānanda-asmitā-rupa-anugamāt-samprajñātaḥ	El samaadhi con la conciencia se produce de cuatro formas: con el razonamiento, la deliberación, la felicidad y la autoconciencia.	vitarka: razonamiento, argumentación vichaara: discriminación, deliberación aananda: dicha, felicidad asmitaa: conciencia de sí mismo rupa: forma anugamaat: suceder samprajnaatah: con conciencia
1.18: प्रत्यया भ्यास पूर्वः संस्कार शेषो ऽन्य - virāma-pratyaya-abhyāsa-pūrvaḥ samskāra-śeṣo-'nyaḥ	El otro samaadhi es la detención causada por la práctica consistente y que retiene solo las impresiones pasadas que no se manifestaron.	viraama: detener, bloquear pratyaya: causado por abhyaasa: práctica constante poorvah: pasado samskaara: impresiones sesa: restos, sobras anyah: otro

Después de construir los principios de la práctica y el desapego, es necesario avanzar hacia el interior basándose en las cuatro etapas o niveles de concentración indicados en el sutra 1.17. El progreso hacia la concentración sin objeto se indica también en el 1.18. Sobre la base de estos sutras, puede verse las diferentes etapas, niveles y clasificaciones de la concentración.

La primera es la que requiere un objeto para enfocar o concentrarse. Todos los objetos de concentración serán cualquiera de las cuatro etapas, categorías o niveles, a saber

- **Savitarka:** En esta etapa implica concentrarse en un objeto bruto mientras se deja que la mente realice otras actividades. Le permite meditar en la conciencia sensorial, el nivel bruto de la respiración, los objetos visualizados, las sílabas de los mantras y las actitudes.

- **Savichara:** En esta etapa, puede concentrarse en los objetos sutiles después de dejar atrás los objetos brutos. Algunos ejemplos de su meditación, el no apego y los objetos de indagación una vez que alcance esta etapa de concentración son las sutilezas de la energía, la mente, los sentidos y la materia.

- **Sananda:** En esta etapa se enfatiza la condición más sutil de la felicidad cuando medita. También notará que su concentración ya está libre de impresiones sutiles y brutas en las etapas anteriores una vez que llegue a Sananda.

- **Sasmita:** Esta forma de concentración se focaliza en el yo, el más sutil de todos. Se relaciona con el yo que está detrás, o el testigo, de sus otras experiencias.

Además de las cuatro etapas mencionadas de concentración con un objeto, también existe lo que llamamos *concentración sin objeto*. Requiere que libere todos los objetos de su atención o enfoque.

Compromisos y esfuerzos (del 1.19 al 1.22)

Yoga Sutras - Sanskrit	Traducción	Referencias de palabras
1.19: भव प्रत्ययो विदेह प्रकृति लयानाम् - bhava-pratyayo videha-prakṛti-layānām	Para los semidioses o aquellos con conciencia sin cuerpo y aquellos fusionados con la naturaleza, asamprajnata ocurre por nacimiento.	bhava: llegar a ser, manifestarse, el mundo pratyaya: causa, causado por videha: aquellos con conciencia sin cuerpo prakrti: naturaleza layaanaam: fusionado con

		sraddha: dedicación
		virya: poder con determinación, fuerza de voluntad
1.20: श्रद्धावीर्यस्मृतिसमाधिप्रज्ञापूर्वक इतरेषाम् - śraddhā-vīrya-smṛti samādhi-prajñā-pūrvaka itareṣām	Para otros, la dedicación, la determinación, la atención plena, el samadhi y la autoconciencia conducen a asamprajnata.	smrti: memoria, atención plena
		samaadhi: etapa avanzada de la meditación
		prajna: conciencia, conocimiento del ser
		poorvaka: sucede antes
		itaresaam: otros
1.21: तीव्रसंवेगानामासन्न - tīvra-saṁvegānām-āsannaḥ	La intensa pasión hacia la práctica y el desapasionamiento conducen a la proximidad de asamprajnata samaadhi.	Theevra: intenso, vigoroso
		samvega: impulso, entusiasmo
		aasannah: traer a la proximidad

		Mridu: tierno, suave
1.22: मृदुमध्याधिमात्रत्वात् ततोऽपि विशेषः - mṛdu-madhya-adhimātratvāt-tato'pi viśeṣaḥ	La pasión intensa hacia el desapasionamiento y la práctica se clasifica de nuevo en tres tipos: leve, moderada y fuerte.	madhya: moderado
		adhimaatra: extremo, fuerte, intenso
		tataah: de estos
		api: también
		viseshah: especialidad, clases, tipos

En los sutras de yoga del 1.19 al 1.22 hay que enfocarse en el compromiso y el esfuerzo. Esta sección abarca dos tipos de aspirantes capaces de alcanzar la meta de practicar yoga. El primero es el avanzado, que es todo aquel que hizo un avance significativo en la forma de vivir su vida en el pasado y ahora alcanza fácilmente el samadhi.

El segundo engloba a los demás aspirantes. Muchos de los que practican yoga entran en este segundo tipo, lo que les exige cultivar los cinco tipos diferentes de compromiso y esfuerzo. Aquí están:

Sraddha

Este compromiso y esfuerzo tiene que ver con tener la fe y la creencia de que está tomando y moviéndose en el camino apropiado o en la dirección correcta. Se refiere al sentimiento interno de certeza, que le asegura que se está esforzando por avanzar en el camino correcto.

Aunque todavía desconozca cómo se desarrollará su viaje, tenga esa intuición interna de que está caminando con paso firme hacia sus objetivos vitales finales. Construir este tipo de esfuerzo, pero no significa cultivar la fe ciega. Probar las ideas en su laboratorio interno

es aún más esencial. Le permite descubrir qué idea le funcionará en base a sus experiencias directas.

Por ejemplo, si practica la respiración diafragmática y la conciencia de la respiración y descubre que ambas le ayudan a calmar y aquietar su mente, sería una experiencia directa que demuestra que hacer esos ejercicios de respiración puede producir resultados positivos similares, como la calma y la tranquilidad mental.

Veerya/Virya

Se refiere a la energía positiva de su ego, que actúa como fuerte apoyo de la fe que ha cultivado. La energía de Virya que puede desarrollar aquí le dará el poder y la sensación de saber exactamente lo que debe hacer. Actuar con fuerza basándose en lo que conoce como el camino correcto o adecuado apunta a Virya.

Sin embargo, la debilidad y la incertidumbre que pueden hacer que actúe poco son señales de que le falta Virya. Desarrollar esta energía positiva le permitirá alcanzar sus objetivos en el yoga.

Smriti

Este esfuerzo engloba la atención plena y la memoria. Se trata de perfeccionar la atención plena constante asociada a pisar el camino correcto y tener recuerdos de los pasos que ha dado en el camino.

Pero no puede clasificar la memoria que ha cultivado aquí como una obsesión mental negativa. Es una conciencia suave, pero persistente, de sus objetivos vitales únicos, su fuerte creencia y fe en el viaje y la decisión de dedicar y comprometer gran parte de su energía a lo largo del proceso. Smriti también requiere que practique la atención plena, especialmente en los procesos internos.

Samadhi

Samadhi, en esta sección del yoga sutra, se refiere al compromiso de moverse sistemáticamente a través de varias etapas y niveles. También requiere utilizar sus habilidades de atención ya desarrolladas como herramientas para discriminar los diferentes tipos de

ignorancia. Además, requiere comprometerse a recordar el proceso de moverse sistemáticamente a través de los finos niveles de su ser.

Prajna

Se refiere a la sabiduría superior derivada de la discriminación. Esta sabiduría es la que debe buscarse asiduamente a través de la introspección utilizando la afilada herramienta llamada Samadhi. El compromiso y el esfuerzo de buscar la sabiduría superior se destaca aún más en los capítulos segundo y tercero de los yoga sutras.

Ahora que conoce las cinco clases de esfuerzo y compromiso, debe enfocarse en cultivarlas. Recuerde a sí mismo estas cinco formas que ha cultivado, ya que es la clave para entender las prácticas de yoga. Su conocimiento también le inspirará a seguir realizando las prácticas exactas recomendadas a lo largo de los yoga sutras de Patanjali.

Contemplación de AUM u OM (1.23-1.29)

Yoga Sutras - Sanskrit	Traducción	Referencias de palabras
1.23: ईश्वरप्रणिधानाद्वा - īśvara-praṇidhānād-vā	Adorar a Dios también le permite alcanzar el samaadhi.	Isvara: Dios Pranidhaanaat: adoración vaa: también
1.24: क्लेशकर्मविपाकाशयैरपरामृष्टः पुरुषविशेष ईश्वर - kleśa karma vipāka-āśayaiḥ-aparāmṛṣṭaḥ puruṣa-viśeṣa īśvaraḥ	Dios es un Ser especial libre de aflicciones, acciones, frutos de acciones e impresiones.	kleśa: aflicciones karma: acciones, causas vipāka: los frutos de las acciones, los efectos āśayaiḥ: lugar de descanso, impresiones aparāmṛṣṭaḥ: sin tocar puruṣa: el yo, el atman, la conciencia, el espíritu. viśeṣa: especial īśvaraḥ: Dios
1.25: तत्र निरतिशयं सर्वज्ञबीजम् - tatra niratiśayaṁ sarvajña-bījam	En Dios, la semilla de la omnisciencia está en un nivel superior.	tatra: en ese (ser especial) niratiśayaṁ: insuperable, siempre superior sarvajña: todo lo sabe, omnisciencia bījam: semilla

1.26: स पूर्वेषाम् अपि गुरुः कालेनानवच्छेदात्॥२६॥ - sa pūrveṣām-api-guruḥ kālena-anavacchedāt	Al no estar interrumpido ni limitado por el tiempo, es también el maestro de los antiguos.	sa: Él pūrveṣām: antes api: también, incluso, además guru: maestro kālena: por el tiempo anavacchedāt: sin interrupción
1.27: तस्य वाचक प्रिव् - tasya vācakaḥ praṇavaḥ	Su palabra es Pranava.	tasya: su vācakaḥ: palabra, término Pranava: Om, AUM
1.28: तज्जप स्तदर्थभावनम् - taj-japaḥ tad-artha-bhāvanam	El canto continuo de Pranava con la absorción en su significado es el medio para alcanzar el samadhi.	tad: su japa: canto tad: su artha: significado bhāvanam: absorción
1.29: ततः प्रत्यक्चेतनाधिगमोऽप्यन्तरायाभावश्च - tataḥ pratyak-cetana-adhigamo-'py-antarāya-abhavaś-ca	De este modo, también es posible alcanzar el samadhi y eliminar los obstáculos.	tata: por esto pratyak: individuo cetana: conciencia adhigama: alcanzar api: también antarāya: obstáculos abhavaś: claro ca: también

En esta sección específica del Samadhi Pada, descubrirá que la mayoría considera el OM (AUM) como un camino directo. Aquí, recuerde la vibración sonora producida por OM (AUM) junto con la profunda emoción o sentimiento por sus significados representados.

Haciendo esto, es posible realizar su ser único y eliminar cualquier obstáculo que a menudo bloquea tal realización. Esta práctica es como un atajo, ya que va directamente al corazón del proceso. También implica llevarle a un camino directo hacia el interior, atravesando sistemáticamente los diferentes niveles de su conciencia.

Es necesario hacer este proceso con dedicación y sinceridad para que pueda llegar a su fuente impoluta de creatividad y a su conciencia pura, ambas representadas por AUM. Esta conciencia también compone su semilla de omnisciencia, la fuente última de todas las enseñanzas de los antiguos sabios.

Para producir el mejor efecto, recuerde el sonido y la vibración de AUM. Conéctelo con emociones y sentimientos profundos por lo que representa.

Obstáculos o desafíos y soluciones (del 1.30 al 1.32)

Yoga Sutras - Sanskrit	Traducción	Referencias de palabras
1.30: व्याधि स्त्यान संशय प्रमादालस्याविरति भ्रान्तिदर्शनालब्ध भूमिकत्वानवस्थितत्वानि चित्तविक्षेपास्तेऽन्तराया - vyādhi styāna saṁśaya pramāda-ālasya-avirati bhrāntidarśana-alabdha-bhūmikatva-anavasthitatvāni citta-vikṣepāḥ te antarāyāḥ	Los obstáculos del Samadhi son el resultado de las distracciones de la mente causadas por la enfermedad, la torpeza, la duda, la negligencia, la pereza, el exceso de indulgencia, la ideación imaginaria, la incapacidad de alcanzar el hito y la inestabilidad.	vyādhi: enfermedad styāna: rigidez, torpeza saṁśaya: duda pramāda: negligencia ālasya: pereza avirati: exceso de indulgencia bhrāntidarśana: ideación imaginaria alabdha: incapacidad de obtener bhūmikatva: suelo, hito anavasthitatvāni: inestabilidad citta-vikṣepāḥ: distracciones de la mente te: estas son antarāyāḥ: obstáculos

1.31: दुःख दौर्मनस्याङ्ग‌मेजयत्व श्वासप्रश्वासा विक्षेप सहभुव - duḥkha-daurmanasya-aṅgamejayatva-śvāsapraśvāsāḥ vikṣepa sahabhuvaḥ	La experiencia simultánea junto con las distracciones son el dolor, la agitación mental, el temblor de los miembros y la respiración irregular.	duḥkha: dolor, sufrimiento daurmanasya: agitación mental, desequilibrio aṅgamejayatva: temblor de las extremidades śvāsa praśvāsāḥ: respiración irregular vikṣepa: distracciones sahabhuvaḥ: experiencia simultánea
1.32: तत्प्रतिषेधार्थमेकतत्त्वाभ्यास - tat-pratiṣedha-artham-eka-tattva-abhyāsaḥ	Para contrarrestarlo, se propone la práctica de una sola asignatura.	tat: que pratiṣedha: contrarrestar artham: para eka: único tattva: sujeto abhyāsaḥ: práctica

Esta sección lleva a la comprensión inmediata de que siempre habrá retos y obstáculos en el camino. Los obstáculos pueden ser predecibles, tener lugar durante su viaje interior con algunas otras consecuencias resultantes de ellos.

Enfrentarse a ellos puede ser un reto, pero los sutras también pueden hacer que se sienta cómodo sabiendo que tales obstáculos son partes predecibles y naturales de su viaje. Este conocimiento puede

ayudarle a mantener su convicción y fe en que puede alcanzar su meta final.

En esta sección, los yoga sutras destacan los desafíos u obstáculos predecibles que puede encontrar, incluyendo la duda, la torpeza, la enfermedad o dolencia, los antojos, la inestabilidad, el fracaso, las percepciones erróneas, la pereza y la negligencia. También le permite conocer los acompañantes de estos desafíos u obstáculos, incluyendo el dolor físico y mental, la respiración irregular, la frustración, la tristeza y la inestabilidad del cuerpo físico.

En esta sección, un yoga sutra, concretamente el 1.32, también indica la solución, que es la unicidad de la mente. Es el único principio subyacente, que funciona como antídoto para todos los obstáculos y consecuencias mencionados.

Se puede practicar de muchas formas, pero se puede esperar que el principio subyacente sea uniforme. Una forma de practicarlo es recordar repetidamente un solo objeto o un aspecto de la verdad. Puede ser un objeto o los sugeridos en los sutras de la siguiente sección.

Mantener la mente clara y estable (del 1.33 al 1.39)

Yoga Sutras - Sanskrit	Traducción	Referencias de palabras
1.33: मैत्रीकरुणामुदितोपेक्षणां सुखदुःखपुण्यापुण्यविषयाणां भावनातश्चित्तप्रसादनम्॥३३॥ - maitrī karuṇā mudito-pekṣāṇāṁ-sukha-duḥkha puṇya-apuṇya-viṣayāṇāṁ bhāvanātaḥ citta-prasādanam	La mente se purifica practicando la amistad sobre el bienestar, la bondad sobre el sufrimiento, el placer sobre el virtuosismo y la indiferencia sobre la inmoralidad.	maitrī: amistad karuṇā: bondad mudita: alegría upekṣāṇāṁ: indiferencia sukha: bienestar duḥkha: sufrimiento puṇya: virtuoso apuṇya: inmoral viṣayāṇāṁ: asuntos bhāvanātaḥ: practicado citta: mente prasādanam: purificado
1.34: प्रच्छर्दनविधारणाभ्यां वा प्राणस्य॥३४॥ - pracchardana-vidhāraṇa-ābhyāṁ vā prāṇasya ॥34॥	También se puede conseguir practicando la espiración nasal gradual y el control de la respiración.	pracchardana: expiración nasal gradual vidhāraṇa: control. ābhyāṁ: juntos vā: también prāṇasya: prana
1.35: विषयवती वा प्रवृत्तिरुत्पन्ना मनसः स्थितिनिबन्धिनी॥३५॥ - viṣayavatī vā pravṛtti-rutpannā manasaḥ sthiti nibandhinī	Al fijar la mente en una sola modificación generada por los objetos sensoriales, es posible alcanzar la solidez de la mente.	viṣayavatī: impresiones estimuladas por los objetos. vā: también pravṛtti: modificaciones utpannā: generar manasaḥ: mental sthiti: estabilidad nibandhinī: solidez, el

		estado de estar fijo/atado
1.36: विशोका वा ज्योतिष्मती ॥३६॥ - viśokā vā jyotiṣmatī ॥36॥	También, por la ausencia de dolor y la luminosidad de la mente.	viśokā: desprovisto de pena, de dolor vā: también jyotiṣmatī: luminosidad de la mente
1.37: वीतरागविषयं वा चित्तम् ॥३७॥ - vītarāga viṣayam vā cittam ॥37॥	Además, mediante la meditación sin apego a los objetos sensoriales.	Vītarāga: sin apego. viṣayam: objeto(s) sensorial(es) vā: también cittam: las cosas de la mente
1.38: स्वप्ननिद्राज्ञानालम्बनं वा ॥३८॥ - svapna-nidrā jñāna-ālambanam vā ॥38॥	También, por la base de la sabiduría adquirida durante el sueño y el dormir.	svapna: sueño nidrā: dormir jñāna: sabiduría, conocimiento, experiencia ālambanam: base vā: también
1.39: यथाभिमतध्यानाद्व ॥३९॥ - yathā-abhimata-dhyānād-vā ॥39॥	También, meditando en un objeto que le agrade a uno.	yathā: lo que abhimata: lo que le agrada a uno dhyānād: mediante la meditación vā: también

La claridad mental y la estabilidad son necesarias si quiere experimentar el Samadhi o meditaciones más sutiles. En este caso, esta sección de los yoga sutras puede ser de gran ayuda para usted. Aquí aprenderá cuatro actitudes importantes que proporcionarán la claridad y la estabilidad de la mente que está tratando de lograr.

Por ejemplo, descubrirá cuatro cualidades vitales o actitudes hacia las personas, como el amor o la amabilidad, el apoyo o la compasión, la neutralidad o la aceptación, y la buena voluntad o la felicidad. Cada actitud mencionada es ya una forma de meditación. Hay que cultivar las cuatro actitudes positivas para poder contrarrestar las negativas.

El objetivo aquí es tratar con la gente de manera que las actitudes positivas que ha cultivado reinen. Por ejemplo, necesita desarrollar una actitud de amabilidad y cordialidad cuando piense en las personas o siempre que esté con ellas.

También requiere que esté más atento y sea más consciente de la tendencia negativa de su mente para que pueda promover solo lo útil y positivo. Una de las ventajas de hacer reinar esa positividad es que promueve la estabilidad al tiempo que da a su mente la calma y la paz interior que se merece.

Los yoga sutras de esta sección también ofrecen sugerencias fiables para mejorar y mantener su enfoque. En los yoga sutras del 1.34 al 1.38, descubrirá algunas sugerencias de objetos en los que puedes centrar su atención, incluyendo la sensación, una corriente de la mente, la luminosidad interior, la conciencia de la respiración y la contemplación de la mente estable.

El último sutra de esta sección (1.39) recomienda practicar la focalización en cualquier cosa que haya descubierto como útil y agradable. Nunca se debe saltar ninguna de las recomendaciones de esta sección para asegurarse de que no se acabará luchando con la mente en lugar de darle la estabilidad y la claridad que necesita.

Resultados de Mantener la mente estable (1.40 a 1.51)

Yoga Sutras - Sanskrit	Traducción	Referencias de palabras
1.40: परमाणु परममहत्त्वान्तोऽस्य वशीकारः ॥४०॥ - paramāṇu parama-mahattva-anto-'sya vaśīkāraḥ ॥40॥	Mediante estas prácticas, es posible alcanzar la maestría, que se extiende desde el átomo más pequeño hasta un objeto de extrema magnitud.	paramāṇu: átomo extremadamente pequeño parama-mahattva: magnitud extrema anta: como fin asya: pertenecer a vaśīkāraḥ: dominio
1.41: क्षीणवृत्तेरभिजातस्येव मणेर्ग्रहीतृग्रहणग्राह्येषु तत्स्थतदञ्जनतासमापत्तिः ॥४१॥ - kṣīṇa-vṛtter-abhijātasy-eva maṇer-grahītṛ-grahaṇa-grāhyeṣu tatstha-tadañjanatā samāpattiḥ ॥41॥	La mente cristalina con modificaciones controladas y estabilizadas para reflejar el color del meditador, la meditación y el objeto meditado aparece como igual a ellos.	kṣīṇa: debilitado iva: como grahaṇa: el acto de percibir vṛtti: modificaciones maṇeh: cristal grāhyeṣu: objeto percibido tad-añjanatā: tomar el color de aquello abhijātasya: purifica grahītṛ: el que percibe tat-stha: se estabiliza en eso samāpattiḥ: llegar a ser similar a

1.42: तत्र शब्दार्थज्ञानविकल्पैः संकीर्णा सवितर्का समापत्तिः ॥४२॥ - tatra śabdārtha-jñāna-vikalpaiḥ saṃkīrṇā savitarkā samāpattiḥ ॥42॥	Entre los equilibrios logrados de la mente, las modificaciones relativas a las elecciones de la palabra, su significado y su concepto están vinculadas al Samadhi con deliberación.	tatra: allí, entre estos śabda: sonido artha: significado vikalpah: con opciones jñāna: sabiduría, concepto saṃkīrṇā: mezclado con savitarkā: con deliberación samāpattiḥ: samadhi, ensimismamiento
1.43: स्मृतिपरिशुद्धौ स्वरूपशून्येवार्थमात्रनिर्भासा निर्वितर्का ॥४३॥ - smṛti-pariśuddhau svarūpa-śūnyeva-arthamātra-nirbhāsā nirvitarkā ॥43॥	Cuando se aclara la memoria, la mente ilumina solo el significado del objeto y aparece como si perdiera su propia forma. Esto es el Nirvitarka Samadhi, el Samadhi sin discriminación.	smṛti: memoria pariśuddhau: en la purificación iva: tal y como es śūnya: desprovisto de mātra: solo nirbhāsā: resplandor svarūpa: forma propia artha: significado nirvitarkā: sin discriminación

1.44: एतयैव सविचारा निर्विचारा च सूक्ष्मविषया व्याख्याता ॥४४॥ - etayaiva savicārā nirvicārā cha sūkṣma-viṣaya vyākhyātā ॥44॥	Con ello se explican los pensamientos deliberativos y no deliberativos respecto a las cosas sutiles.	etaya: por esto eva: también nirvicārā: desprovisto de pensamientos deliberativos savicārā: con pensamientos deliberativos cha: y sūkṣma-viṣaya: cosas sutiles vyākhyātā: explicado
1.45: सूक्ष्मविषयत्वं चालिङ्गपर्यवसानम् ॥४५॥ - sūkṣma-viṣayatvam-ca-alinga paryavasānam ॥45॥	La sutileza pertenece a las finalidades de los objetos con su estado primario no manifestado.	sūkṣma: sutileza viṣayatvam: pertenece a los objetos cha: y alinga: estado no manifestado paryavasānam: termina allí.
1.46: ता एव सबीजः समाधिः ॥४६॥ - tā eva sabījas-samādhiḥ ॥46॥	Estos son solo samadhis con semilla.	tā-: estos, ellos eva: solo sabīja: con semilla samādhi: samadhi

1.47: निर्विचारवैशारद्येऽध्यात्मप्रसादः ॥४७॥ - nirvicāra- vaiśāradye-'dhyātma- prasādaḥ ॥47॥	El flujo continuo de Nirvichara Samadhi resulta en la prevalencia de la claridad de Atman.	nirvicāra - Nirvichara Samadhi vaiśāradye: el flujo sin interrupción adhyātma: pertenece al Atman prasādaḥ: claridad
1.48: ऋतम्भरा तत्र प्रज्ञा॥ - ṛtambharā tatra prajñā ॥48॥	Esa es la conciencia llena de verdad.	ṛtambharā: lleno de verdad, tatra: en ella prajñā: conciencia
1.49: श्रुतानुमानप्रज्ञाभ्यामन्यविषया विशेषार्थत्वात्॥४९॥ - śruta-anumāna-prajñā-abhyām-anya-viṣayā viśeṣa-arthatvāt ॥49॥	La conciencia por testimonio e inferencia es diferente de la conciencia del Nirvichara, porque en el Nirvichara, la conciencia pertenece a las particularidades específicas de los objetos.	śruta: oído, testimonio anya: diferente anumāna: inferencia viṣayā: objetos prajñā-abhyām: a partir de ese conocimiento viśeṣa: específico de arthatvāt: significado, sentido
1.50: तज्जः संस्कारोऽन्यसंस्कारप्रतिबन्धी ॥५०॥ -	Las impresiones que surgen de ahí bloquean las otras impresiones latentes.	tajja: surgir de saṃskāra: impresiones latentes anya: diferente, otro pratibandhī: contradictorio, obstruye

		tasyā: en eso, de eso
1.51: तस्यापि निरोधे सर्वनिरोधात्रिर्बीजः समाधिः ॥५१॥ - tasyāpi nirodhe sarva-nirodhān-nirbījaḥ samādhiḥ ॥51॥	Cuando estas impresiones latentes también son suprimidas, se convierte en Nir-Bija Samadhi, el sin semillas.	sarva: todo
		api: también
		nirodhāt: controla
		nirodhe: controla
		nirbījaḥ: sin semillas
		samādhiḥ: samadhi

Esta sección habla de cómo la mente se convierte finalmente en un cristal claro y transparente al estabilizarla razonablemente. Si esto sucede, se espera que el proceso más profundo del yoga comience. Como un cristal más transparente, su mente probablemente funcionará como una herramienta altamente purificada para las exploraciones sutiles. Con eso, su mente puede explorar una amplia gama de objetos, sin importar lo pequeños o grandes que sean.

En esta sección de Samadhi también se tratan cuatro niveles de meditación cuando se trata de concentrarse en un solo objeto. Puede experimentar estos niveles sistemáticamente hasta llegar a aquel en el que se produce la materia inmanifestada.

En el Samadhi, es necesario refrenar totalmente la inquietud. Dicho esto, Patanjali afirma que solo se puede alcanzar a través de la meditación, particularmente pasando por sus diferentes niveles y dimensiones. Estos niveles garantizan que puedas despojarte completamente de la aversión y los deseos, promoviendo la calma de tus fluctuaciones mentales llamadas Vrittis. Estas fluctuaciones sirven como las consecuencias directas basadas en el origen de su malestar.

Si no se tratan, estas fluctuaciones mentales pueden hacer que tenga un cuerpo agitado y una mente inquieta. Los diferentes niveles o etapas de la meditación pueden ayudarle en esa área. Aquí están:

• **Samapatti:** En este nivel o etapa se permite que todas las cosas aparezcan tal y como son. También es el momento en el que necesita entrar en una profunda reflexión. En esta etapa, observe su inclinación a colorear la realidad utilizando sus proyecciones.

Pero una cosa que hay que recordar es que esas inclinaciones con un fin específico tienden a disminuir su propósito u objetivo principal. Como quien medita, usted será testigo no solo del contenido de las proyecciones, sino también de su objetivo. Esto es posible con la guía de su aversión o deseo.

Cuando se encuentre en esta etapa, espere que surja la percepción sobre el juego que se hace con la realidad. La forma de colorearla también saldrá a la luz.

• **Sabjasamadhi:** Una vez que usted experimenta esta visión y trasciende lentamente el juego, notará que surge una paz genuina. Cuando esto ocurra, puede considerarse que está en la segunda etapa, el Sabjasamadhi, también conocido como absorción con un germen.

La parte consciente de su personalidad está desprovista de sus tendencias de proyección. Sin embargo, viene con la atención, que también es una intención a pesar de su vacuidad. Es donde transcurre la verdadera paz, así como el comienzo de la sabiduría. Sabjasamadhi es, por lo tanto, una etapa, que funciona eficazmente en el despertar de sus inclinaciones al proyecto.

• **Nirbijasamadhi:** La última fase es Nirbijasamadhi, que tiene como traducción la absorción sin germen. Aquí, notará que no hay tendencia a desapegarse de sí mismo. También notará que la absorción profunda tiene lugar de forma espontánea y natural.

Un recordatorio vital para sí mismo una vez que alcance este estado es que, al principio, la meditación solo es posible si tiene un objetivo determinado, y este es disolver las tendencias o inclinaciones proyectivas. Hacerlo puede contribuir en gran medida a mantener quietas sus fluctuaciones mentales.

Lo que hace que se distingan de las tendencias normales, que son inconscientes y espontáneas, es que el arte de meditar suele ponerse en escena deliberadamente. Esto significa que está dispuesto a ser consciente cuando intenta entrar en el objeto en el que quiere concentrarse durante la meditación.

Una de las ventajas es que ayuda a disolver sus tendencias de proyección. El resultado es la mejora de la capacidad de cultivar la paz y el desapego.

El problema es que todo el proceso puede llevar al nacimiento de una nueva meta o tendencia llamada proceso de transformación hacia la paz genuina. Tenga en cuenta que solo puede alcanzar el Samadhi si se desprende de todas las tendencias hacia ello. Si logras hacerlo, puede decir finalmente que está en Nirbijasamadhi, la absorción sin germen.

Este proceso es natural, ya que cuando la fuente principal de malestar disminuye su poder, puede esperar desarrollar una inclinación hacia el Samadhi. Si lo asocia a los sutras, es posible experimentar resultados notables, ya que puede percibir el equilibrio adecuado entre dos movimientos de la mente: las fluctuaciones positivas y negativas. Indica la transición de estar cautivo a estar en un estado de paz sin ninguna inhibición, denominado Kaivalya.

Lo bueno de dominar estos niveles de meditación es que puede llevarle mucho más cerca de su objetivo al practicar yoga. Por ejemplo, las meditaciones sobre los objetos sutiles y brutos darán como resultado la luminosidad interior, la pureza, la sabiduría superior y la reducción de las impresiones que conducen al karma.

También le permite experimentar el Samadhi sin objeto indicado en el yoga sutra 1.51.

Aparte de eso, puede conservar la estabilidad de su mente. Puede perfeccionar su poder para construir la estabilidad en el objeto más pequeño y más grande, que es una señal de que su mente ya está bajo su control. Afortunadamente, tener un control total sobre su mente le ayuda a convertirla en una herramienta.

Puede utilizarla como instrumento para explorar las partes sutiles de su campo mental. El hecho de que pueda controlar su mente también indica claramente que ya tiene el poder de entrenarla. Con eso, seguramente puede usar su mente como una herramienta para hacer cosas que nunca pensó que fueran posibles.

SEGUNDA PARTE: Etapas del Samadhi

Capítulo 4: Cuatro etapas cruciales del Samadhi

El Samadhi es el estado más iluminador y gozoso que puede alcanzarse al practicar yoga. Muchos incluso consideran esta etapa como la principal precursora de la felicidad y la iluminación. Recuerde que todo el mundo desempeña un papel vital en el universo. Independientemente de sus comienzos, su papel en el universo es muy importante.

Otro recordatorio sobre el Samadhi es que no puede considerarse como un solo estado. De hecho, viene con un conjunto de etapas que se desarrollan en progresión. Cada etapa produce dos resultados: el conocimiento y el desapego. Esto significa que mientras algunos dicen que una etapa les ayudó a experimentar el conocimiento directamente, otros también practican el desapego sin importar el grado o la gravedad.

Tan pronto como se permite avanzar a la Sadhana, se puede esperar que el conocimiento que se ha obtenido sea más profundo. Tener desapego por su viaje puede hacer que tenga un efecto duradero y profundo en su mente, pero recuerde que cada etapa requiere meses (incluso años) para completarse. Puede que necesite pasar más tiempo del que esperaba inicialmente para lograr su

objetivo o llegar a ese estado en el que su mente es completamente estable.

El tiempo que tardará en obtener los resultados deseados varía considerablemente. Normalmente depende de la intensidad de su deseo de alcanzar la liberación. También puede basarse en su intención y en la frecuencia de la práctica del yoga y la meditación, así como en sus impresiones mentales (samskaras), especialmente las derivadas de la meditación en su vida anterior.

Recuerde que también puede llegar a la etapa final de Samadhi entregándose a Dios. Además, es necesario tener una experiencia completa de lo que cada fase o etapa del Samadhi puede revelar. Esto significa absorber completamente cada etapa, y luego disminuir su interés y atracción por cada una de ellas tan pronto como esté listo para pasar a la siguiente etapa.

Otro recordatorio es que solo puede progresar a través de cada etapa con éxito si está dispuesto a someterse al proceso de purificación. Afortunadamente, al hacer las cosas correctamente, cada etapa puede conducir a la purificación de su mente. El resultado es una mente más sutil, que funciona mejor para adentrarse en los distintos niveles de existencia cósmica. Con eso, lograr la siguiente etapa será más manejable para usted.

Diferentes etapas del Samadhi

Al igual que lo que se ha mencionado anteriormente, solo puede alcanzar con éxito el Samadhi si pasa por todas sus etapas. Básicamente tiene tres o cuatro etapas, pero también hay métodos que puede implementar para garantizar un viaje más suave.

Las siguientes son solo cuatro de las etapas básicas del Samadhi que debe tener en cuenta:

Samprajñata Samādhi

También llamada Savikalpa, esta es la etapa en la que experimenta tranquilidad y paz cada vez que medita. Como todavía es la primera etapa, usted notará su disponibilidad al mundo exterior, incluso con la paz y la tranquilidad que está experimentando.

Puede estar en esta etapa sentándose en silencio y haciendo un esfuerzo consciente para eliminar todas las perturbaciones mentales que le molestan mientras medita. En caso de que note que se producen estímulos, intente responder a ellos utilizando su conocimiento (Prajna). Al hacer esto con éxito, puede decirse finalmente que ha dominado esta etapa.

Otra señal de que ha alcanzado con éxito esta etapa es experimentar la unidad condicionada. Esto significa dominar el hábito de hacer de su alma una parte de su conciencia infinita. Lo único que lo diferencia de las otras etapas del Samādhi es que viene con desafíos al preservar tal experiencia fuera de su sesión de meditación.

En otras palabras, solo se puede hacer desde la meditación. Le permite disminuir su conciencia humana durante un breve período de tiempo. Es también en este estado donde notará lo diferentes que son los conceptos de espacio y tiempo en comparación con sus contrapartes materiales. Otro recordatorio sobre este estado es que no es permanente. Esto significa que aún regresará a su conciencia habitual.

Asamprajñata Samādhi

También conocido como Nirvikalpa, Asamprajñata Samādhi se refiere a esa etapa en la que se permite ir mucho más profundo. Esto significa que finalmente se aleja del mundo exterior. Esta etapa tiene más profundidad y significa que cualquier estímulo ya no le afectará.

Una cosa prominente que tiende a existir naturalmente cuando entra en este estado es la conciencia vacía y pura. También mejora en gran medida su autoconciencia. También notará que su mente toma rasgos omnipotentes y omniscientes y de lo cósmico.

Al entrar en este estado sin ninguna molestia, especialmente al navegar por toda la experiencia, lo más probable es que alcance la sabiduría discriminativa y la pureza mental. Este estado también permite soltar todos sus apegos, haciéndole tan libre y puro como sea posible.

Dharma Megha Samadhi

Esta tercera etapa es más elevada que Asamprajnata. También se conoce como la nube de la virtud, y se dará cuenta instantáneamente de que ha alcanzado este estado una vez que finalmente haya disminuido incluso su deseo de alcanzar la iluminación o ser más conocedor de todo. Este estado es algo que no puede obtenerse con esfuerzo. Se dará cuenta de que se revela por sí mismo una vez que todos sus esfuerzos y deseos ya se han disuelto.

Muchos lo consideran también como un don divino, que va más allá de lo relativo y lo absoluto. Si ya no le distraen las tentaciones de los poderes yóguicos, entonces se puede decir que su conocimiento puro y absoluto ya los está dominando. Eso significa que ya ha alcanzado esa nube de virtud. Indica que ha experimentado la dicha y la liberación de lo divino.

También muestra que finalmente ha eliminado todas las aflicciones de las diversas formas de karma, una señal de que ya es libre y ahora brilla en su propia gloria. Una vez que alcanza este estado glorificado, se espera ser capaz de ver, oír, oler, tocar y saborear incluso sin usar sus ojos, oídos, nariz, piel y lengua.

También notará que incluso sus meras intenciones ya son capaces de obrar milagros. Lo único que debe hacer es establecer su intención, y notará que todas las cosas se hacen realidad.

Kaivalya Samadhi

Mientras que algunas traducciones de los yoga sutras indican el Dharma Megha como la última etapa del Samadhi, recuerde que algunas versiones traducidas siguen hablando de Kaivalya. En estas versiones, Kaivalya es la última etapa a la que debe llegar si quiere

experimentar lo que se siente al alcanzar el objetivo principal del yoga.

Llegar a esta etapa significa que finalmente ha alcanzado la unión final, eterna y completa con la forma eterna y real. También significa estar desapegado y aislado. Le permite entrar en un estado de soledad relajada.

Puede decir que ha alcanzado este estado con éxito una vez que se desprende de todo lo que afecta a su ser entero. Esto significa independizarse de todo, incluyendo sus relaciones, atracciones, ciclo de nacimiento y muerte, aversiones y egoísmo.

También es posible alcanzar este estado practicando yoga, cultivando la disciplina y realizando austeridades. Otra cosa que puede ayudarle a entender aún mejor el Kaivalya Samadhi es una parte de los yoga sutras de Patanjali, que habla de un yogui.

Aquí, el yogui alcanzó Kaivalya después de buscar la independencia de todos los vínculos y apegos posibles y existentes. Estar en esta etapa le permita entrar en la conciencia absoluta. Una de las ventajas de alcanzar con éxito esta última etapa es que le permite disfrutar de la verdadera iluminación.

Al igual que en la tercera etapa, se sentirá libre y sin miedo cuando entre en Kaivalya. Aunque hay veces que la gente percibe Kaivalya como aniquilación o negación, vale la pena señalar que es la etapa en la que alcanza la conciencia completa de todo lo que le rodea.

10 métodos de Samadhi

Aparte de las etapas mencionadas, también es crucial tener en cuenta los diez métodos que puede utilizar para llegar a la meta final, el Samadhi. Recuerde que Samadhi significa que su mente ya está libre. Está finalmente desprendida de todo, especialmente de los que le hacen daño.

Déje su mente libre, ya que consiste en un conjunto de deseos (Vasanas) e imaginación o pensamientos (Sankalpas). También está llena de sus gustos y disgustos. Aniquile todo lo que está unido a su mente, para que pueda finalmente liberarla. Puede hacerlo con la ayuda de los siguientes métodos:

• **Vichara:** Al intentar entrar en Samadhi, puede preguntarse cómo puede purificar su mente y ponerla bajo su completo control. Comenzará a preguntarse y a reflexionar sobre su capacidad para detener las actividades de su mente y aniquilar todas las distracciones, los deseos y todo lo que esté unido a ella. Una forma de controlar su mente y aniquilar sus ataduras y apegos es utilizar Vichara. Esto implica indagar sobre quién es y descubrir quién es realmente es el método más eficaz para alcanzar el Samadhi.

Conociéndose a sí mismo, puede erradicar fácilmente su mente. Los individuos también se refieren a este método como Vedántico. Implica conocerse a sí mismo y darse cuenta o descubrir las irrealidades de su mente utilizando el pensamiento filosófico.

• **Erradicando tu Ego:** Otro método efectivo asociado a la consecución del Samadhi es deshacerse de su personalidad egoísta. Necesita eliminar su ego. Recuerde que su ego actúa como la semilla que cultiva el árbol de su mente. Tener un gran ego significa pensar principalmente en su propia persona.

El problema de tener este pensamiento "yo" es que puede llevar a que se convierta en la fuente de todo lo que pasa por su mente. Notará que sus pensamientos se enfocan solo en usted mismo y piensa poco en los demás.

Determine si tiene una personalidad tan egoísta. Profundice en las cosas que penetran en su mente, e inmediatamente se dará cuenta de cómo su egoísmo se traduce en una nada aérea.

Si ese es el caso, es el momento de liberarse de su ego. Es la clave para poder llegar a su deseado Samadhi. Su objetivo es llegar a la cima de la autorrealización para poder finalmente disminuir esa nube de ego.

• **Desapasionamiento:** También puede aprovechar el desapasionamiento (Vairagya) cuando intente aniquilar la mente. Como su nombre indica, el desapasionamiento consiste en cultivar la aversión por cualquier cosa que complazca a sus sentidos por capricho. Puede hacerlo determinando aquellas cosas que puede considerar como defectuosas en su vida sensorial.

Su objetivo al utilizar este método es darse cuenta de lo perecederos que son los objetos. Recordarse a sí mismo que el placer sensorial es solo ilusorio. No dura tanto tiempo. Es solo momentáneo, por lo que necesita evitar poner toda su pasión, interés y deseo en él. Al dominar el hábito de perecer su pasión por las cosas que le dan placer sensorial, puede acercarse cada vez más al Samadhi.

• **Abhyasa:** Otro método altamente efectivo que puede implementar para alcanzar el Samadhi es la práctica o Abhyasa. Implementar este método implica concentrar su mente solo en Brahman. Asegúrese de que su mente es firme cuando se fija en Brahman, también. Además, recuerde que Abhyasa es una forma de meditación incesante que eventualmente lo llevará al Samadhi.

• **Desapego:** También puede conducirse hacia el Samadhi si se acostumbra a practicar el desapego o Asanga. Una de las ventajas de este método es que es altamente efectivo para destruir todos los apegos y ataduras que tiene su mente.

Para que este método funcione, aleje su mente de los objetos. También requiere adherirse al principio de desprenderse y apegarse. Esto significa separar su mente de los objetos y luego apegarla al Señor. Luego deberá hacer este paso repetidamente.

Recuerde que, independientemente de lo esenciales que usted perciba que son sus deseos, la fuerza y el fuego de Asanga o el desapego pueden destruirlos.

• **Vasanakshaya:** Otro método que seguramente le llevará al Samadhi es Vasanakshaya, derivado de Vasana, que significa deseo. Este método requiere que renuncie a sus deseos. El resultado será la aniquilación exitosa de su mente. En este método, recuerde que tener un deseo por objetos placenteros puede causar que usted esté en esclavitud.

Necesita renunciar a este deseo para poder llegar a la emancipación. Aunque el deseo es una naturaleza vital de la mente humana, aprenda a dejarlo ir si quiere obtener los mejores resultados de este método Vasanakshaya, especialmente en términos de conducirse a Samadhi.

• **Pranayama:** El siguiente método de Samadhi que se recomienda a quienes desean alcanzarlo es el Pranayama. Recuerde que las vibraciones del Prana pueden dar lugar a los movimientos de su mente. De hecho, tales vibraciones pueden hacer que su mente tenga vida.

Controlando su Prana, que es de lo que se trata el Pranayama, puede evitar que su mente realice todas esas actividades y movimientos innecesarios. La buena noticia es que, aunque este método implique que su mente deje de hacer actividades innecesarias, no la destruirá de raíz, dándole paz mental.

• **Control de los pensamientos:** Alcanzar el Samadhi también es posible controlando adecuadamente los propios pensamientos. Lo que debe hacer es evitar soñar despierto o quedar atrapado por su propia imaginación. Aniquilar la mente liberándola de los pensamientos imaginarios.

Al eliminar la imaginación de su mente, ya no tendrá que preocuparse por estar en un mundo de ilusión. Podrá alejarse de este mundo y detener su imaginación por completo, permitiéndole disfrutar del momento y de lo que es real.

• **Equilibrio y ecuanimidad:** El siguiente método que le llevará al Samadhi requiere dejar que reine el equilibrio y la ecuanimidad. Puede hacerlo si renuncia a las posesiones de su mente. Este método también puede beneficiarle en el sentido de que le permitirá comprender cómo puede entrar en el estado de Samadhi, en el que puede suspender sus pensamientos.

Cuando esto ocurra, espera realizar una experiencia absoluta y pura. También es importante alcanzar la ecuanimidad, lo que es posible mediante el equilibrio de las cosas (por ejemplo, encontrar el equilibrio adecuado entre el placer y el dolor).

• **Devoción y servicio:** Este último método también aniquila eficazmente sus pensamientos o cualquier cosa que pueda estar molestando a su mente. Para que este método funcione, céntrese más en la devoción y la oración. Además, priorice el estudio y el servicio al gurú. Con eso, puede obtener la dicha eterna y la paz eterna que trascenderá a su mente, una clave para hacer del Samadhi una parte de su vida.

Con la ayuda de estos métodos, conseguir el estado de Samadhi será mucho más manejable. Para aumentar sus posibilidades de disfrutar de la felicidad y la paz que el Samadhi puede aportar, hablemos de cada una de sus etapas en detalle. Aprenda más sobre las tres etapas importantes en los siguientes capítulos de este libro.

Capítulo 5: La primera etapa: Savikalpa Samadhi

Savikalpa Samadhi es la famosa primera etapa de Samadhi indicada en los yoga sutras de Patanjali. Esta etapa tiene que ver con la deliberación, la dicha, la reflexión y el YO SOY. Requiere que se libere de su ego y que eleve su conciencia sobre el espíritu que va más allá de su creación.

Cuando esto ocurre, puede esperar que su alma desarrolle la capacidad de absorber el fuego del Espíritu Sabio, asando o destruyendo cualquier semilla de inclinación atada por su cuerpo. En esta etapa, el alma actúa como el meditador. Necesita unirse con el estado actual de la meditación, así como con el espíritu del objeto que está utilizando para meditar.

Esto puede hacer que todo se convierta en uno. También significa fusionar el alma con el espíritu. No tendrá que preocuparse por perder su identidad a lo largo del proceso, ya que solo implica la expansión de su alma en un espíritu.

Una vez que entre en esta primera etapa de samadhi, es de esperar que su mente tenga su conciencia solo dirigida en el espíritu interior. Esto significa que ya no estará consciente de lo que sucede en el mundo exterior. Sería como poner su cuerpo en trance mientras sigue teniendo una conciencia completamente perceptiva de la dicha que está experimentando en su interior.

Su mente seguirá activa, lo que le permitirá notar y observar sus apegos a las distracciones mundanas y corporales. A pesar de eso, esta etapa todavía le dará una visión de lo que es la dicha genuina. Puede percibir la experiencia como unidad condicionada, lo que seguramente le empujará a pasar al siguiente nivel.

Además, recuerde que Savikalpa Samadhi no es permanente, lo que significa que todavía tendrá que volver a su conciencia habitual. Esta etapa también se divide en cuatro, es decir:

Savitarka Samadhi

Aquí puede transformar sus pensamientos con respecto a un determinado objeto que está utilizando para sus sesiones de meditación a través de las palabras. Si ya está practicando la meditación, es muy probable que ya haya experimentado esta etapa varias veces, aunque sea imperceptible.

Tenga en cuenta que, debido a las muchas cosas que su mente procesa cada día, es posible que no perciba de inmediato que ya se encuentra en este nivel. Aun así, es importante recordar que esta fase consiste en adquirir conocimiento. En la filosofía yóguica, el conocimiento viene con el sentido de diferenciar lo real de lo que no lo es todo el tiempo.

Una vez que se encuentra en el Savitarka Samadhi, puede utilizar las palabras para transformar sus pensamientos sobre un objeto. También puede iniciar un diálogo denominado Tarka. Además, en este estado, su mente empezará a sopesar las cosas usando la conciencia completa y determinando cuáles valen la pena y son útiles durante las discusiones.

Aparte de eso, su mente puede concentrarse completamente en el aspecto bruto del objeto físico. En otras palabras, estará en camino de aprender o escudriñar los secretos internos del objeto. Durante esta etapa podrá comprender todos los aspectos relacionados con un objeto, lo que le proporcionará un conocimiento completo sobre el mismo que le será útil en su camino para convertirse en un yogui de éxito.

Savichara Samadhi

La siguiente fase, Savichara Samadhi, se describe en los sutras de Patanjali, concretamente en los puntos del 1:44 a 1:45. Entrar en esta fase significa que su mente ya se está moviendo más allá de las capas exteriores de un objeto. En otras palabras, estará utilizando un objeto como el punto principal de su enfoque cuando esté en este nivel. Aquí, notará que su mente finalmente perfecciona su capacidad para contemplar o discernir los aspectos sutiles del objeto.

También comenzará a comprender plenamente sus cualidades abstractas, como el sonido, la belleza, el enrojecimiento, el sabor, la forma, la textura o el amor. Savichara Samadhi es también ese estado, que implica que los objetos sutiles se extienden a Prakriti, que es la fuente principal de toda manifestación. Tan pronto como se adentre en esta fase, el cultivo de una mejor comprensión de la naturaleza real del espacio y el tiempo seguirá naturalmente.

Además, podrá mejorar su conocimiento sobre los aspectos vitales de la mente cósmica. Su mente comenzará a experimentar y explorar el nivel más sutil del objeto, alternando su conciencia de los aspectos causales, temporales y especiales del objeto.

Con el tiempo y con la práctica adecuada, podrá finalmente transmitir su conciencia a un nivel superior. Esto le permite alcanzar ese estado en el que se nota el silencio total. El pensamiento sigue estando disponible durante esta etapa, pero es muy probable que su mente haya dominado ya y por fin la capacidad de permanecer quieto y en silencio.

Samadhi Sa-ananda

Esta tercera etapa consiste en liberar su mente del mundo objetivo, haciendo posible que vaya más allá de su intelecto. En otras palabras, tendrá la oportunidad de experimentar la dicha extrema al cesar sus pensamientos y eliminar la lógica que ocurre en su interior.

El Sa-ananda Samadhi ya no implica ninguna reflexión o razonamiento. Se enfoca únicamente en hacerle experimentar la paz y la tranquilidad de tener una mente más asentada. Le permite cultivar una mente pura (sáttvica) caracterizada por la conciencia, centrándose únicamente en su propia felicidad.

En esta etapa, se enfocará más en los poderes internos de su mente y su percepción. Con este tipo de experiencia, ya no es sorprendente ver que mucha gente lo percibe como una forma genuinamente dichosa de Samadhi llena de alegre tranquilidad y paz.

Samadhi Sa-Asmita

Sa-Asmita es la última etapa/fase de Savitarka Samadhi. Puede esperar que ocurra una vez que finalmente domine el estado de conciencia de un solo punto, purificando su mente y penetrando más profundamente. En esta última fase, se dará cuenta de que incluso la dicha que ha adquirido en la etapa anterior ha desaparecido finalmente. Lo único que queda es el ego, el YO SOY o la Yoidad.

Esta etapa también le hace consciente de su individualidad. Le permite permanecer en el momento y eliminar su conciencia de cualquier otra cosa. En realidad, es el sentido del ego presentado en la forma elemental sin ningún deseo ni miedo. Dicho esto, muchos comparan esta fase con la conciencia cósmica popularizada en la tradición de Shankara.

Implica tener una mente completamente despierta mientras se es plenamente consciente de que lo que hay en el mundo exterior es solo material e insignificante. También, puede finalmente elevar su conciencia de la dicha de la divinidad que está dentro de sí mismo.

Notará que su mente se vuelve más concentrada, haciendo posible que comience a acceder a los poderes yóguicos menores.

Un recordatorio importante, sin embargo, es que su ego permanece en esta etapa. Dicho esto, tenga mucha precaución a la hora de utilizar los poderes yóguicos. Evite usarlos para satisfacer su ambición, y la codicia como tal solo puede dañar y retrasar su progreso espiritualmente. Haga un punto para usar tales poderes yóguicos solo si su corazón y motivos son puros. Haciendo esto, puede ofrecer su servicio a la humanidad mientras deja que su viaje espiritual progrese.

¿Cómo funciona el Savikalpa Samādhi?

Si quiere alcanzar el Savikalpa Samādhi con éxito, entonces puede aprovechar el poder de la meditación. Sin embargo, todo el proceso también implica la comprensión de las cosas específicas que podrían estar impidiendo que llegue a esta primera e importante etapa de Samādhi.

En ese caso, un recordatorio importante para usted es que, a un nivel inconsciente, un nivel categorizado como siendo uno con sus pensamientos y reflexiones, es seguro asumir que sus pensamientos pueden convertirlo en una víctima. La razón principal es que sus emociones y pensamientos tienen pleno control sobre su persona. Incluso tienden a construir su mundo. Cada pensamiento que tiene se convierte en su realidad.

Por ejemplo, si tiene pensamientos negativos, como no ser lo suficientemente bueno, entonces también es muy probable que su personalidad refleje o resuene con ese pensamiento. Siendo el centro de ese pensamiento, espere sentimientos de inadecuación, como que no es lo suficientemente bueno. Esto puede llevar a la infelicidad y al estrés, especialmente si comienza a tomar ese pensamiento personalmente y lo convierte en su realidad.

También notará que se produce una contracción caracterizada a menudo por la sensación de estrés provocada por cada pensamiento que tiende a identificar consigo mismo. Puede evitar que eso ocurra a través de la meditación. Con esto, puede ver la meditación como una de las técnicas más recomendadas para cualquier persona que desee alcanzar el éxito al tratar de experimentar la primera etapa de Samadhi, que es Savikalpa.

Cada vez que medite, siempre puede elegir identificarse con sus pensamientos negativos o simplemente liberarlos. Si elige esto último, entonces solo puede actuar como testigo, probando la existencia de dicho pensamiento. La meditación puede contribuir mucho a aumentar su conciencia sobre sus pensamientos.

Con ello, cada vez que piense que no es lo suficientemente bueno, podrá detectar inmediatamente esa negatividad, lo que también promueve la facilidad para dejarla ir. La idea detrás de esto es evitar que se aferre a ese pensamiento. Esto puede dar lugar a que no tenga que lidiar con los pensamientos negativos que pueden arruinar su personalidad. No aferrarse a sus pensamientos negativos también significa que no se convertirán en algo personal para su persona.

En cambio, lo que sucederá es que se convertirá en un testigo que está en su estado ideal de mente y paz. Es lo que deberá conseguir cuando se proponga alcanzar el Savikalpa Samadhi. Para que este método le funcione, comprométase a no aferrarse demasiado a sus pensamientos, especialmente a los negativos sobre sí mismo, ya que atrapar el contenido del pensamiento solo tendrá consecuencias negativas.

Recuerde que sus pensamientos se desarrollarán por sí mismos. Durante cada sesión de meditación que pretende acercarte a la fase final del Samadhi, el objetivo es no controlar los pensamientos de manera que el proceso sustituya al de controlar su cerebro. Dicho esto, puede dejar que sus pensamientos vengan a usted. Solo asegúrese de que solo los observa.

Cuando se trata de meditar para alcanzar esta etapa, perfeccionar su enfoque y atención debe ser su principal prioridad. Debe fortalecer su enfoque durante cada sesión de meditación, ya que es la clave para ser más consciente cada vez que surja un pensamiento. Si esto ocurre, puede observarlo o dejarlo pasar.

Además, recuerde que sus pensamientos surgirán y disminuirán por sí solos. Evite agarrarlos del todo, especialmente durante mucho tiempo, para evitar que obstaculicen su progreso. Agudice su conciencia sobre sus pensamientos tan pronto como surjan y domina la habilidad de dejar que esos pensamientos se vayan inmediatamente.

Una de las ventajas de esta técnica es que, una vez que comience a progresar, también podrá dominar esa habilidad de no aferrarse a todos sus pensamientos. En cambio, comenzará a dejarlos pasar. Esto sucede una vez que también haya alcanzado ese nivel de enfoque o atención, en el que puede ver instantáneamente sus pensamientos tan pronto como surgen.

Puede que al principio le resulte difícil hacer esto. Afortunadamente, se vuelve más y más fácil con la práctica constante. Además, tenga en cuenta que puede liberar el siguiente pensamiento con cada pensamiento que haya liberado con éxito, consiguiendo permanecer como testigo. Observe también cuando el ser testigo ya es natural para usted, ya que indica que ha penetrado naturalmente en la etapa Savikalpa.

Un punto que tiene que recordar al entrar en la fase de conciencia de testigo es que notará que todos sus pensamientos de juicio sobre los demás desaparecen. Con ello, espera poder experimentar la forma más elevada de paz en este nivel de conciencia. Comenzará a experimentar todas las cosas simplemente como son.

Generalmente sucede porque todos los pensamientos con respecto a sí mismo también comenzarán a disminuir, como lo que está pensando sobre su trabajo, sus amigos, su vida, la película que acaba de ver, entre muchos otros. Todos los pensamientos sobre su

persona, así como la forma en que viva su vida, disminuirán, haciendo posible que disfrute de increíbles visiones oníricas que surgen por sí solas. El hecho de que estas visiones no estén relacionadas con su vida personal es la razón por la que tienden a consumirse, pero en genuina felicidad, paz y dicha.

Tal experiencia también dejará que su sentimiento y deseo permanezcan como una persona que desaparece temporalmente. Ya no sentirá todo el sentido de pertenencia y de tener un cuerpo. También podrá dejar ir su mente, haciendo posible experimentar solo la conciencia, la dicha y la energía sin forma. Notará que todo tiene lugar simplemente entonces disolviéndose y transformándose en energía espiritual, que es el trabajo final de Savikalpa Samadhi.

Capítulo 6: La segunda etapa: Nirvikalpa Samadhi

La segunda etapa del Samadhi, que se llama Nirvikalpa Samadhi, consiste en alcanzar ese estado meditativo que le proporcionará una experiencia inolvidable de completa dicha y absorción. Le permite entrar en un estado o nivel superior de conciencia caracterizado por la eliminación exitosa del ego y de los samskaras de su vida y su reemplazo por solo la conciencia.

Del sánscrito, se puede traducir fácilmente Nirvikalpa en el término "no vacilar". Esta traducción destaca el hecho de que el Nirvikalpa Samadhi puede ser clasificado como un estado estable y sostenido. Una cosa que hay que tener en cuenta sobre este estado es que solo suelen alcanzarlo aquellos practicantes en etapas más avanzadas. Entre ellos se encuentran los que ya han logrado progresos en las etapas anteriores, como las relacionadas con la concentración (Dharana) y la meditación (Dhyana).

La mayoría de los maestros espirituales pueden permanecer en este estado específico durante varias horas. Incluso hay maestros que pueden permanecer en él durante días. Esto puede beneficiarle en gran medida, ya que la mayoría dice que estar en Nirvikalpa Samadhi hasta dieciocho o veintiún días puede ayudar a habilitar niveles más

altos de Samadhi, particularmente ese estado en el que puede dejar que su conciencia abandone su cuerpo físico permanentemente.

A diferencia del Savikalpa Samadhi, en el que puede conservar sus pensamientos, aunque estos no le afecten, el Nirvikalpa implica la fusión de sus actividades mentales consigo mismo. Esto resulta en una absorción total y completa, haciendo imposible que distinga al conocedor, el objeto conocido y el acto específico ligado al conocimiento.

Una vez que entra en Nirvikalpa, espere que su ego, y sus samskaras que se refieren a sus impresiones emocionales o mentales, se disuelvan. Esto puede llevar a que solo su conciencia pura permanezca con usted.

Aquí, podrá unirse con lo Divino, ya que será uno. Esto le permite fusionar su ser individual, referido como Atman, y su conciencia universal referida como Brahman. Con esto, ya no es sorprendente ver a los practicantes viendo Nirvikalpa como una etapa de dicha ilimitada, éxtasis genuino, o unidad.

Cómo llegar al Nirvikalpa Samadhi

Si quiere entrar en el Nirvikalpa Samadhi, que también se conoce como Asamprajnata Samadhi, entonces tenga en cuenta que también hay algunos estados por los que debe pasar. Entre los estados que experimentará al tratar de alcanzar esta segunda etapa del Samadhi es:

Nirvichara

En esta etapa, obtendrá la experiencia de un genuino enfoque y concentración de un solo punto. Aquí, incluso los pensamientos sutiles ya no existen. Trasciende las limitaciones perceptivas ligadas al espacio y al tiempo. El hecho de que este estado se deshaga de sus pensamientos es la razón por la que algunos lo perciben como samadhi sin reflexión.

Nirvichara es una etapa importante antes de alcanzar el Nirvikalpa Samadhi. Es necesario pasar por ella si quiere fortalecer su atención y convertirse en una persona sana y sabia. Estar en esta etapa también contribuye a que obtenga una comprensión mucho mejor de su verdadera identidad y valor. Le ayuda a convertirse en un instrumento del amor divino, que encarna el amor puro.

Nirvitarka

También puede alcanzar el Nirvikalpa samadhi pasando por Nirvitarka, un estado que le permite encontrar una suspensión en las alteraciones mentales de artha, shabda y jñana. Si todavía no está familiarizado con los tres términos mencionados, aquí están sus definiciones:

- **Artha:** La imagen recordada o la forma física de un determinado objeto que se ve en el mundo exterior.
- **Shabda:** Se refiere al nombre o al sonido que se puede utilizar para comunicar la identidad del objeto a los demás.
- **Jñana:** Detalles culturales o personales sobre el propósito, la función o la naturaleza de dicho objeto.

Una vez que entre en Nirvitarka, espere que estos tres se suspendan de su mente. Siendo las partes menos reales, el jnana y el shabda las que más probablemente desaparecerán por completo. Su mente será entonces absorbida solo en artha, aunque su plena conciencia de que es el conocedor disminuirá eventualmente.

En otras palabras, el Nirvitarka Samadhi es capaz de trascender temporalmente su memoria de proyecciones culturales y personales con respecto a la naturaleza del objeto específico en el que se está enfocando. Estas proyecciones incluyen la palabra o el sonido identificativo del objeto basado en el lenguaje del practicante y las percepciones personales acumuladas y el conocimiento cultural derivado de él.

Una vez que esto ocurra, notará que su mente se sumerge solo en artha, ya que no solo abarca la imagen de la forma física, sino también su sentimiento, esencia y función relacionados. Es posible revelar todos estos elementos utilizando la absorción de un solo punto de su mente.

Una vez que su mente profundiza en el artha del objeto, su forma bruta tiene la posibilidad de trascender. También notará que se revela el subyacente sutil del objeto. Con eso, tendrá la oportunidad de llevar a un estado en el que tendrá un mejor control sobre sus ideas y su mente y sus diálogos e intelecto.

El Nirvitarka Samadhi puede finalmente llevarle a ese estado en el que fue capaz de trascender lo que recuerda sobre la naturaleza del objeto temporalmente.

De Ananda a Asmita

También es muy probable que atraviese de Ananda a Asmita en el momento específico en que pretenda alcanzar el Nirvikalpa Samadhi con éxito. Ananda puede describirse como su conciencia de los patrones entre varios paradigmas. Implica reflexionar más sobre los patrones en lugar de los paradigmas. Desde Ananda, lo más probable es que llegue a Asmita, que se refiere a la conciencia de ser uno.

Una vez que alcanza Asmita, ya no puede encontrar ninguna distinción en las pocas fases de la concientización en su conciencia. En términos más simples, Asmita se refiere a la conciencia de la totalidad. Le permite entrar en ese nivel específico de conciencia, que muchos consideran como omnisciente cuando se vincula con el mundo del devenir, mientras que sigue siendo no esencial cuando se compara con Kaivalya. Sería como si fuese un pez enorme en un estanque pequeño que se enfoca principalmente en la existencia relativa.

Entrar en Asmita también puede hacer que se dé cuenta de que, incluso si deja de lado todos sus falsos pensamientos, deseos e identidad durante la meditación, seguirá notando una sensación de yoidad que queda atrás. Es una señal de que tiene el velo de Asmita. La buena noticia es que puede aprovechar esta sensación convirtiéndola en un objeto de atención durante la meditación. Asmita puede incluso guiarlo para alcanzar la etapa más codiciada del yoga, que es el Samadhi.

Lo que debe hacer es dirigir su enfoque y atención a Asmita mientras está solo. Haciendo eso, eventualmente puede hacer que pierda su color y lo deje de lado. Esto demuestra de alguna manera que Asmita es uno de esos objetos que puede utilizar para meditar.

También, es crucial notar que todos los objetos están construidos de Prakriti. Esto demuestra que incluso Asmita, que es el velo más fino vinculado a la individualidad, está construido a partir de Prakriti, una materia delicada de manifestación. Es aconsejable dejar de lado todas las formas de Prakriti, para poder experimentar la conciencia (Purusha) tal y como descansa en la verdadera naturaleza.

Durante la práctica regular de la meditación, también observará que los conceptos que giran en torno a Asmita nadan alrededor de su conciencia. Incluso se convertirá en un componente vital de su constante autoconciencia.

Su plena conciencia de Asmita también le afectará positivamente de manera que puede aumentar la frecuencia de su uso de tales palabras en su vocabulario habitual, especialmente cuando se trata de expresarse. Con ello, lo más probable es que descubra la relación de Smita con otros procesos, percepciones y conceptos. Con el tiempo, aprenderá cómo bailan juntos todos los conceptos relevantes, lo que le permitirá tener una guía para entender todo lo relacionado con ellos y más allá.

La razón que subyace es que, a medida que se adquiera una mayor autoconciencia, también será posible darse cuenta de que todas sus observaciones no definen quién es usted en realidad. En otras palabras, nunca podrá considerarse un Asmita. En cambio, es alguien capaz de ser testigo de cada concepto. Esto hace que sea realmente necesario trascender a Asmita y eliminar su apego a ello en la medida de lo posible.

De Asmita a Nirbija Samadhi

Dado que necesita trascender Asmita y practicar el no apego a ello, debe enterarse para superarlo y alcanzar el nivel de Nirbija Samadhi. Este concepto hace uso del término sánscrito, Nirbija, que significa sin semilla. Este nivel específico es considerado como el más alto, ya que todos pueden percibirlo como el estado superconsciente vinculado a la iluminación.

Una vez que entra en este nivel, notará que su mente no contiene ningún pensamiento. Lo que contiene, en cambio, sería la conciencia y el conocimiento puros. En el Nirbija Samadhi, tiene la oportunidad de ser uno con su ser supremo o superior, puesto que su mente ya es incapaz de sostenerse a sí misma.

En este nivel también se trata de alcanzar la dicha espiritual, que le llega de forma espontánea. El Nirbija Samadhi siempre será un nivel crucial en el Nirvikalpa, ya que le permite experimentar la libertad absoluta de todos sus apegos y pensamientos mentales, especialmente los negativos.

Si practica el yoga contemporáneo, notará que el Nirbija Samadhi es considerado como la activación de la kundalini. También es posible definir el Nirbija Samadhi basándose en el dualismo, ya que puede ser fácilmente percibido como un estado no dual vinculado a la conciencia. Una vez que entra en esta etapa después de Asmita, se puede ver que finalmente tiene la capacidad de trascender todas sus ilusiones de la dualidad. También tendrá la oportunidad de ver a través de todas las proyecciones relacionadas con la separación.

Dicho esto, es seguro decir que la experiencia que más probablemente obtenga de este nivel es aquella en la que tiene una mente, que es sin forma y radiante. Su mente finalmente se liberará completamente del condicionamiento, así como del apego y la proyección. Estará en una etapa en la que disfrutará de la unidad espiritual, lo que significa que su mente ya se ha disuelto por completo.

Es la razón por la que ya no puede distinguir entre el objeto y el sujeto, lo conocido y el conocedor, y lo visto y el observador. Con las muchas cosas que puede lograr cuando entra en este nivel, ya no es sorprendente ver a mucha gente describiendo el Nirbija Samadhi como el estado final del yoga. Algunos también lo consideran como el producto final o la encarnación de todas las formas de meditación.

Llegar a este nivel requiere que usted entre en un estado meditativo profundo, uno en el que deje que todos sus procesos intelectuales y pensamientos disminuyan. Aquí, no se verá a sí mismo creando karma. Incluso ayuda a sacar las semillas que podrían plantar karma en el futuro.

Con eso, seguramente encontrará este nivel útil para finalmente liberarse del ciclo algo recurrente de la vida y la muerte, uno que lo reencarna. Con el Nirbija Samadhi, puede ver que su mente se fusiona con Brahman o la realidad absoluta. Cuando eso ocurre, puede ver finalmente que este nivel le abre la puerta para alcanzar el nirvana.

Sabija Samadhi

También existe lo que se conoce como Sabija Samadhi, que puede clasificarse como Samadhi con semilla. En otras palabras, este nivel específico tiene un objeto de meditación conocido como pratyaya. Una cosa para tener en cuenta sobre el Sabija Samadhi es que cubre todas las etapas de Samadhi que todavía tienen impresiones mentales internas en funcionamiento. Entre estas etapas se encuentran Samprajnata y Asamprajnata Samadhi.

Sabija consiste en estar en un estado en el que las semillas reales del renacimiento, particularmente las cinco aflicciones mentales y todos los rastros de sus experiencias anteriores, permanecen activos, aunque hay una reducción significativa y notable en términos de sus propensiones. Basado en los yoga sutras de Patanjali, puede ver que Sabija Samadhi tiene cuatro variedades primarias, siendo cada una identificable y distinguible basada en el objeto de enfoque. Cada una de estas variedades representa también una variación progresivamente sutil de su existencia interior. Estas son:

- Tarka, que se refiere a la mente que gira en torno a los objetos brutos o particulares
- Vichara, que se refiere a las impresiones mentales más sutiles
- Ananda, que se caracteriza porque la mente gira en torno a la sensación de felicidad interior
- Asmita, que se caracteriza por pensamientos mentales que giran solo en torno al sentido del " Yo" o al sentimiento de individualidad o unicidad

Otra cosa para tener en cuenta sobre el Sabija Samadhi es que tiene un contenido específico de la mente denominado Pratyaya, que se presenta en forma de sentimiento, pensamiento u objeto. En ese caso, puede agrupar tales pensamientos o contenidos de la mente bajo Samprajnata Samadhi.

Notará que tales contenidos en su mente disminuyen o desaparecen cada vez que hace la transición a otra etapa. Cada transición ayuda a terminar toda su lucha espiritual y a alcanzar esa meta específica de liberarlo del dolor y la ignorancia, proporcionando el tipo de felicidad y liberación que está esperando.

Capítulo 7: La etapa final: Dharma Megha Samadhi

Ahora estamos en la etapa final del Samadhi, que se conoce como Dharma Megha Samadhi. El hecho de que sea la etapa más elevada y final es la prueba de que reina de manera suprema entre las diversas etapas y niveles relacionados con el Samadhi. Es un estado irreversible que conduce a la auténtica liberación. Una vez que se llega a esta etapa, uno puede finalmente liberarse de un mundo lleno de dharmas, particularmente de aquellos que nublan la realidad.

Establecer sus expectativas

Si su objetivo es alcanzar el Samadhi, entonces la etapa final a la que debe aspirar es Dharma Megha. Dharma significa virtud, mientras que Megha puede traducirse como la nube. Una cosa que puede esperar de alcanzar esta etapa es que termina todo el karma y las aflicciones. Un yogui que llega a esta etapa es alguien que ha logrado la liberación completa.

Como practicante de yoga, también puede verse libre de todos los sufrimientos asociados con el mundo externo. El resultado es Kaivalya, que le da la oportunidad de experimentar la iluminación y la liberación absolutas.

Según Patanjali, cualquiera puede alcanzar este nivel, incluso aquellos que han perdido el deseo de alcanzar la iluminación o de conocer a Dios. La razón es que esta etapa final de Samadhi no se puede obtener con esfuerzo. En cambio, puede verse que se revela una vez que se ha disuelto finalmente todo el esfuerzo. Con ello, puede la gente percibirlo como un regalo verdaderamente divino, uno que va más allá de las nociones de lo relativo y lo absoluto.

También conocida como la nube de la virtud, puede esperar que esta etapa le traiga la liberación y la dicha genuina, al bañarlo con conocimiento puro y asegurar que no se deje tentar fácilmente por los poderes yóguicos que de otra manera desencadenan distracciones.

En este estado, tendrá la oportunidad de ver sin usar sus ojos, oír sin sus oídos, tocar sin usar su piel, oler sin usar su nariz y saborear sin su lengua. Este estado de Samadhi es tan increíble que incluso sus meras intenciones ya son suficientes para crear milagros. Solo debe desearlo, y puede esperar que todo se haga realidad.

Su viaje hacia el Dharma Megha: Cómo entrar en esta etapa final del Samadhi

Una cosa que hay que recordar sobre la entrada en un estado específico de Samadhi es que lo más probable es que experimente la emoción de la quietud. Una vez que disfruta de esta emoción, recibirá una señal de que está cerca del estado específico al que aspira (en el caso de este capítulo, el Dharma Megha).

También tendrá algunas otras experiencias de distracción que suelen acompañar a la quietud. Algunos ejemplos de estas distracciones son las experiencias sensoriales extraordinarias o la clarividencia. También referidas como siddhis, estas experiencias son también identificables como logros yóguicos, especialmente para cualquiera que nunca llegue a experimentar el Samadhi. Sin embargo, los que tienen experiencia con el Samadhi pueden ver estas experiencias como obstáculos.

A pesar de ello, debe recordar que tanto si los siddhis no tienen sentido como si son significativos para el practicante o si son superficiales o profundos, su presencia sigue siendo buena. Significan que ya se está llegando a la etapa final del Samadhi. No hay razón para que se sienta extremadamente ansioso cuando note estas señales con eso en mente. Tampoco debería tener miedo de ellas.

Su objetivo, en cambio, es mantenerse enfocado en su destino real. Concéntrese en alcanzar su objetivo principal de lograr la etapa final del Samadhi, que es Dharma Megha. Además, recuerde que estar ansioso, dudoso y temeroso de su viaje para alcanzar el Samadhi solo puede distraerlo.

Dicho esto, entrénese para no darle importancia a los siddhis que pueda encontrar. Procure llegar al estado final de forma natural. Esto significa aplicar el principio de la mayoría de los yoguis exitosos, en particular el que implica trabajar duro sin dejar de tomar todo a la ligera. Debe aspirar a llegar al estado más alto de Samadhi mientras se asegura de no hacer un gran alboroto sobre todo el proceso.

También se trata de practicar vairagya, una actitud que significa no apego o desapasionamiento. Esta actitud es vital si quiere proteger y alimentar la práctica. Además, recuerde que necesita practicarlo perfectamente para acercarse al estado final. Su objetivo es practicar el yoga de manera que pueda llegar al Samadhi, no simplemente conformarse o adherirse a las expectativas culturales.

En ese caso, deberá atenerse al aspecto más vital, que es construir una base que pueda soportar la estructura o el objetivo que desea alcanzar. Además, recuerde que los principios fundamentales de su práctica fructífera de yoga que tiene como objetivo llegar a la etapa final de Samadhi incluyen el equilibrio. A veces se trata de alcanzar el equilibrio en varias áreas de su vida, incluyendo la dieta, el sueño, el pensamiento y el ejercicio. Además, es aconsejable que lleve a cabo sus acciones combinándolas con una comprensión equilibrada.

Otra cosa que debe cultivar es una postura propicia. Su postura debe ser muy propicia para su práctica. En ese caso, la mejor postura sería aquella en la que permite que el tronco, el cuello y la cabeza formen una línea recta. También es esencial relajar los hombros y mantener la respiración lo más serena posible al hacer esta postura.

Otra cosa importante es mantener la respiración y la mente unidas. Al unir ambas fuerzas, puede concentrarse solo en las distracciones mínimas, lo que es estupendo si desea concentrarse en el objeto elegido durante un período más largo. Lo que es aún mejor de la concentración prolongada es que puede madurar en la meditación, que también madurará en el nivel más alto de samadhi.

Su experiencia repetida de Samadhi, Dhyana y Dharana puede ayudar a profundizar su memoria con la práctica. En las sucesivas sesiones en las que practique el yoga, dicha memoria puede empujarle hacia el Samadhi, a la vez que atrae el Samadhi hacia su persona.

Eventualmente, todo el proceso se volverá sin esfuerzo, lo cual es una indicación de que realmente ha alcanzado el Dharma Megha Samadhi, un estado específico de Samadhi lleno de virtudes, particularmente aquellas espiritualmente iluminadoras y edificantes.

Aquí surge un increíble estado de conciencia, que está libre de deseos, como el deseo de obtener los otros beneficios que ofrece el Samadhi aparte de solo alcanzar este estado supremo. También se puede denominar Nirbija Samadhi, la forma más elevada de Samadhi experimentada por Buda, Patanjali y otros sabios famosos.

Las Tres Gunas Resueltas en el Dharma Megha

Cuando intente comprender la filosofía del yoga, recuerde que toda la materia universal procede de Prakriti, un sustrato fundamental. En Prakriti surgen las tres principales Gunas o cualidades de la energía, produciendo los aspectos más vitales relacionados con la naturaleza, incluyendo la materia, la conciencia y

la energía. Debe ser consciente de estas Gunas y aprender los fundamentos para manipularlas conscientemente.

Con eso, puede verlo como un método poderoso y eficaz para reducir el estrés, aumentar su paz interior y acercarse a la iluminación. Es lo que Dharma Megha pretende que alcance. Entrar en este estado resulta en la iluminación y la liberación, ya que le libera de las tres principales Gunas.

Guna es una palabra sánscrita que significa cualidad, tendencia, atributo o peculiaridad. Es un elemento de la realidad o tattva en el mundo del *yoga*, que tiene un gran impacto en sus estados energéticos, emocionales y psicológicos. Las tres principales Gunas que Dharma Megha pretende resolver y eliminar fueron desarrolladas como partes vitales de la filosofía Sankhya. Sin embargo, notará que actualmente son conceptos importantes en la filosofía india.

• **Tamas**: Identificada como un estado de materialidad, inactividad, inercia y oscuridad, tamas se manifiesta en forma de ignorancia mientras engaña a todos los seres que provienen de las verdades espirituales. Otras cualidades de esta guna son el asco, la duda, la impotencia, la depresión, el apego, la pereza, la adicción, la confusión, la apatía, el aburrimiento, la vergüenza, la confusión, la dependencia y la pena.

• **Rajas**: Este estado está relacionado con la acción, el movimiento, el cambio y la energía. Esta guna tiene una naturaleza relacionada con el apego, el anhelo y la atracción. Es la guna específica que le conecta fuertemente con los frutos de su trabajo. Otros rasgos o cualidades que pueden apuntar a rajas son la ansiedad, la euforia, la ira, la preocupación, la irritación, el caos, la determinación, la inquietud, la rumiación, el valor y el estrés.

• **Sattva**: Resolver esta guna puede llevarle a un estado de alegría, equilibrio, inteligencia y armonía. Es esta guna específica la que muchos practicantes de yoga pretenden alcanzar, ya que minimiza tamas y rajas, aumentando así sus posibilidades de alcanzar la liberación. Otros rasgos que pueden atribuirse al sattva

son la paz, el deleite, el amor, la libertad, el bienestar, la felicidad, la confianza, la dicha, el desinterés, la intrepidez, la gratitud, la satisfacción, la calma y la plenitud.

Una vez que entra en el Dharma Megha y se libera de las mencionadas Gunas o simplemente aprende a manipularlo conscientemente, puede finalmente identificarse con la realidad suprema, que es conocida por estar más allá de todas las formas de poder. Este estado también está lleno de conocimiento, pureza y dicha. Lo bueno de estar en Dharma Megha es que acaba con todo el karma y las aflicciones. Como el yogui, espera ser capaz de llegar a la última etapa conocida como Kaivalya o liberación completa y suprema.

Además, recuerde que todas estas tres Gunas pueden crear un apego, atándose así a su ego. Al elevarlo por encima de tales Gunas originadas en su cuerpo, puede ser liberado de la vejez, el nacimiento, la muerte y la enfermedad, promoviendo la facilidad para alcanzar la iluminación. Esto hace que Dharma Megha sea un estado de Samadhi verdaderamente vital, especialmente si está practicando yoga.

El Nirbija Samadhi y su vínculo con el Dharma Megha Samadhi

Al igual que lo indicado en el capítulo anterior, Nirbija Samadhi es aquel nivel desprovisto de la semilla o Pratyahara. Es un estado de conciencia no dual e incondicional, porque ha visto a través de todas las situaciones y condiciones previstas y proyectadas. No tiene ninguna causa condicionante, ya que alcanzar este estado significa que todas ellas ya fueron trascendidas.

Aparte de eso, alcanzar este estado específico también significa que ya ha abandonado todas las actividades condicionales. El resultado es una mente radiante, vacía y sin forma, que no contiene ninguna proyección generalizada y específica de nada relacionado con el vidente y lo visto.

Es crucial tener en cuenta que el estado no dual que presenta el Nirbija Samadhi es frecuentemente visto como la forma última de Samadhi. Pero también debe recordar que el hecho de que la no dualidad sea conocida por ser lo opuesto a la dualidad significa que sigue siendo una función de esta última. Si quiere liberarse de todo, enfóquese en superar la dualidad hasta alcanzar la conciencia trascendental.

Cuando eso ocurre, tiene la oportunidad de experimentar y trascender la dualidad del estado no dual. Entonces puede relacionar esta experiencia con el Dharma Megha Samadhi, ya que este requiere el proceso de limpieza de este último. Otra cosa que debe recordar sobre el Nirbija Samadhi es que no es el resultado de una práctica realizada.

Solo puede esperar que ocurra dentro de la práctica cuando usted y la práctica actual permiten que ocurra la entrega espontánea. El Nirbija Samadhi también se trata de la progresión natural que ocurre desde el Sabija Samadhi una vez que su sentido del yo comienza a perder poder. Frecuentemente ocurre en la vida de forma espontánea, a menudo como resultado de la amplitud abierta y directa que su mente ha cultivado con la práctica constante.

Al entregar cada huella kármica, lo más probable es que el Nirbija Samadhi permanezca. Hasta que no se produzca dicha entrega, este estado será solo una posibilidad temporal. Después de resolver todas sus huellas kármicas, notará que el Dharma Megha Samadhi revela irrevocablemente la naturaleza dualista de la conciencia inconmensurable, el espacio, el yo y el tiempo. A continuación, puede crear la encarnación no dual de la alteridad o Kaivalya.

Capítulo 8: El camino de la elevación de la conciencia

Si quiere que le resulte más fácil alcanzar el estado final de Samadhi, debe intentar comprender los niveles más avanzados de sus diferentes etapas y aplicarlos a su vida diaria. Todas las formas de samadhi pueden definirse como formas alteradas o transformadas de conciencia. Además, todas estas formas no forman parte de las experiencias de quienes no practican yoga.

Sin embargo, hay que tener en cuenta que incluso los verdaderos practicantes de yoga también notan que los diferentes tipos de samadhi parecen tener una enorme brecha, especialmente en términos de alcanzabilidad. Esto significa que hay varios niveles que diferencian cada tipo o estado.

Los que no practican el yoga también pueden obtener un poco de conocimiento sobre el samadhi y sus tipos y estados dedicando tiempo a reflexionar sobre lo que hace que las experiencias entre el sueño y la vigilia sean diferentes. Hay que ser capaz de distinguir estas dos experiencias, ambas son formas principales de conciencia a las que todo el mundo puede acceder.

Comprender los Planos de Conciencia

Intentar alcanzar el Samadhi significa entrar en un estado en el que pueda trascender los límites de su mente, de su identidad y cuerpo, y unirlos en algo que no pueda diferenciar. También requiere que pase por el proceso de meditar utilizando una conciencia elevada y concentrada.

En ese caso, debe entender cómo funcionan los planos de conciencia para que pueda llegar realmente al tipo de conciencia o conocimiento que se supone que le da el Samadhi. Una cosa que hay que tener en cuenta al respecto es que, si bien hay quienes entran en el Samadhi de forma instantánea, lo más común es progresar a través de un conjunto de etapas o experiencias cuando intenta recorrer su camino para alcanzar su objetivo.

El primer indicio que puede encontrar es la sensación de auténtica paz y alegría, así como de bienestar general. Es posible alcanzar una experiencia de este tipo a través de la meditación, el ejercicio vigoroso o incluso pasando un rato disfrutando de un momento de soledad con música solemne.

Este plano de conciencia específico puede hacerle experimentar ese estado en el que pierde la noción del tiempo. Hace que esté totalmente absorbido por toda la experiencia temporalmente. Sin embargo, la experiencia es fugaz. Aun así, puede dar una pista sobre lo que le espera en el futuro a medida que atraviesa planos más profundos de conciencia y niveles de Samadhi.

Al alcanzar el Samadhi deliberado, también se está dando la oportunidad de liberarse del sufrimiento. Tenga en cuenta que esto no significa necesariamente no sentir dolor físico ni experimentar emociones. Lo que sucede, en cambio, es que sirven como sucesos reales dentro de su cuerpo y su mente.

Dado que ya ve su mente y su cuerpo como herramientas en lugar de su verdadera identidad, también tiene la oportunidad de ver el sufrimiento como una experiencia opcional. Con eso, se puede decir que se lleva a sí mismo a una situación profundamente liberadora, que puede hacer algunos cambios significativos en su vida.

Entrando en niveles más superiores de samadhi

Estar en el nivel superior de samadhi o plano superior de conciencia puede hacerlo sentir maravillosamente, ya que sirve como punto de partida cuando intenta experimentar niveles aún más avanzados de samadhi. Sabe que ya está en el nivel superior si se percibe y se ve a sí mismo como un punto significativo de la atención o la conciencia que existe sobre su ser físico.

Aquí, tendrá la oportunidad de cultivar las habilidades necesarias para explorar otras realidades y dimensiones más allá de las realidades físicas. Pueden ser otras líneas de tiempo, formas de ser o vidas. Durante esta etapa de conciencia, es posible permitirse estar en contacto directo con lo divino. Puede hacerlo a través de la examinación deliberada o la búsqueda.

Todos los sabios y místicos de las tradiciones espirituales tienden a impartir las aventuras y experiencias que tienen cuando están bajo estas etapas. También tienden a impartir el crecimiento personal, la curación y el aprendizaje que obtuvieron de toda la experiencia.

Cuando se encuentre en esta etapa, tendrá numerosas oportunidades de explorar y servir. Sin embargo, tenga en cuenta que todo lo que se encuentra aquí puede ser catalogado solo como una fase. Con el tiempo descubrirá que, independientemente de lo buenas, extáticas y promotoras del crecimiento que sean sus experiencias, estas siguen estando diseñadas principalmente para ayudarle a explorar la dualidad.

A medida que avance el proceso de unión con lo divino, lo más probable es que se esfuerce por progresar por encima de las conexiones y los atisbos ocasionales con este. El objetivo es que alcance el nivel más alto en el que llegue a fundirse con ello por completo.

Pero también deberá prepararse para los desafíos que pueda encontrar. La razón es que, por muy variadas e increíbles que sean sus experiencias, sigue existiendo la posibilidad de que conserve ese sentido de su yo único y separado. Podría ser uno que está separado de todo lo que ha experimentado y de los demás que le rodean.

Es vital avanzar hacia el nivel más alto de Samadhi, disolviendo este sentido único del yo que ve como un ser único y distintivo. Puede encontrar esta etapa muy desafiante, pero con el enfoque y la determinación, además de un nivel más alto de conciencia; puede pasar a través de ello.

Además, recuerde que, aunque no puede encontrar una única solución para alcanzar la disolución, los planos y el proceso que ha seguido hasta ahora le han preparado de alguna manera para este momento. Una cosa que puede hacer es renunciar a su identidad única como personalidad, cuerpo o mente. Hacerlo puede ayudarle a desprenderse de sus autoconceptos.

También puede querer viajar a realidades alternativas, experimentar vidas anteriores y encontrarse con seres no físicos, todo lo cual puede infundir en usted un sentido más amplio de su identidad real. Podrá despojarse de varias capas de su identidad hasta que todo desaparezca, o tal vez quiera gastar su autoexperiencia de una manera que abarque todas las cosas.

Independientemente de lo que haga, su objetivo cuando llegue a este plano avanzado de conciencia es renunciar a todo sentido de unicidad y separatividad y dejar que se disuelva en luz radiante y felicidad pura que pueda fusionarse con lo divino.

Samadhi divino

Por supuesto, el Samadhi divino es el que reina, ya que este nivel o estado no tiene tiempo, lugar ni esfuerzo. Antes de llegar a este punto específico, lo más probable es que usted haya visto el universo como un lugar aparentemente infinito y lleno de un número ilimitado de cosas.

En el samadhi divino, no es capaz de sentir nada relacionado con el infinito y el universo. No podrá experimentar nada puesto que ya es uno con sus experiencias. Aquí, no se sentirá ni inconsciente ni consciente. Le da la oportunidad de ser simplemente usted.

Tenga en cuenta que incluso después de separar su conciencia de la unidad divina, todavía puede retener su naturaleza real realizada. Con eso, todavía puede comportarse conscientemente como un individuo dentro del reino físico. Puede hacerlo mientras retiene su conciencia completa del samadhi divino.

Al pensar en todos los niveles de samadhi y planos de conciencia por los que debe pasar, se dará cuenta inmediatamente de que cada uno de ellos le permite experimentar el crecimiento mientras está en el camino del desarrollo de su espiritualidad. También descubrirá que cada nivel es extremadamente beneficioso, dependiendo de sus necesidades específicas y de las circunstancias de su vida.

Profundizando en la conciencia

El samadhi es el medio final para que se sumerja profundamente en la conciencia después de que domine el yoga de los 8 miembros, así como las diversas etapas que debe atravesar. Aunque el samadhi es el objetivo final, no se considera como el fin de la práctica del yoga. De hecho, es solo el comienzo de la misma. Debe tener esto en cuenta si quiere lograr el éxito en este viaje.

Aquí, los diez tipos de samadhi identificados establecerán una secuencia caracterizada por la conciencia o el conocimiento que desciende desde las capas superficiales hasta los niveles de conciencia más profundos.

También es crucial recordar que el objetivo principal de la práctica del yoga es unirse. Ahora la pregunta es, ¿qué es lo que hay que unir? La respuesta es infinita. Según los yoga sutras de Patanjali, unirse o conectarse con el infinito se denomina Kaivalya, que puede traducirse como aislado o solo. Este concepto es llamado infinito absoluto por las mentes occidentales.

Las diez formas o tipos de Samadhi son fases secuenciales o etapas que necesita pasar si quiere moverse de la existencia relativa de su conciencia despierta a la fase real del infinito conocida como Kaivalya. Dicho esto, es seguro decir que el yoga sirve como el método, el protocolo y los pasos que debe cumplir para tener una experiencia directa del infinito.

Necesita dar pasos desde lo relativo hasta la cobertura absoluta de los diez famosos tipos de Samadhi. Estos diez tipos incluyen los cuatro que forman parte del Samprajnata Samadhi, a saber, Savitarka, Savicara, Ananda y Asmita, así como los cuatro que componen el Asamprajnata Samadhi, es decir, Nirvitarka, Nirvicara, Ananda a Asmita y Asmita a Nirbija Samadhi.

Los dos últimos tipos son Nirbija Samadhi y Dharma Megha que le llevará a Kaivalya. Es el momento en el que alcanza la sensación de elevación. En este momento, notará la plenitud y la totalidad del conocimiento y la conciencia llegando a su interior. También le llevará a ser testigo de que su conciencia completa amanece en usted y hace que su mente se transforme completamente. Esto da como resultado el logro de la claridad cada vez que piensa. La claridad también empezará a aparecer en sus sentimientos.

Puede transformar todo su cuerpo en el sentido de que se vuelve tan vivo y lleno de prana. Se elimina todos los obstáculos de su camino, dejando solo el recuerdo del señorío y de lo divino. Con eso, puede finalmente disolver y dejar ir los obstáculos y las luchas de su mente.

Capítulo 9: El estado de Kaivalya

Otro estado último de Samadhi con el que debe familiarizarse es Kaivalya. Se ha tocado ligeramente en las partes anteriores de este libro, pero es hora de darle más atención a través de esta sección. Kaivalya es el objetivo final del Raja yoga. Se puede traducir este término como desapego, aislamiento o soledad. Significa aislarse de Purusha y liberarse del renacimiento. Alcanzar Kaivalya es siempre la razón principal por la que debe motivarse para alcanzar el Samadhi.

¿Por qué debería alcanzar el Samadhi?

Hay varias grandes razones por las que debería trabajar para alcanzar el Samadhi. La meta debe ser alcanzar Kaivalya, su unión con lo Divino y una señal de liberación completa. Sin embargo, también hay otras razones increíbles por las que debería intentar alcanzar el Samadhi, entre las que se encuentran las siguientes:

• **Incrementa el nivel de energía de su cuerpo:** Una cosa que el Samadhi puede hacer por usted, especialmente durante sus sesiones de meditación, es elevar el flujo de energía dentro de su cuerpo. Es una energía vital llamada prana, que forma una parte importante de su cuerpo espiritual. Tiene un impacto importante y directo en la vitalidad y la energía de su cuerpo físico.

Practicando yoga y meditando para alcanzar el Samadhi, podrá rejuvenecer su mente, ya que puede eliminar todos sus pensamientos excesivos. Con ello, comenzará a sentirse más enérgico y vibrante. Esto también puede resultar en una disminución del estrés y la ansiedad, haciendo posible que pueda dormir mejor y más tranquilamente. En ese caso, puede despertar sintiéndose realmente renovado y con más energía.

• **Mejora la Resiliencia Emocional:** Otra gran razón por la que debe considerar alcanzar el Samadhi es para aumentar su resiliencia emocional. Esta capacidad es extremadamente útil durante estos tiempos modernos en los que controlar las emociones es todo un reto.

Tenga en cuenta que, al igual que su cuerpo físico, su mente también funciona constantemente. Persigue una amplia gama de pensamientos. El resultado es una mente hiperactiva, que conduce a más problemas, como malos hábitos alimenticios, un sistema inmunológico débil y un sueño deficiente. Es aquí donde alcanzar el Samadhi puede ayudar.

Aumenta su autoconciencia, haciendo posible que se mire a sí mismo a un nivel aún más profundo y que comprenda lo que está pasando. Con eso, puede aumentar su resiliencia emocional, dándole la oportunidad de manejar todas sus emociones y pensamientos aflictivos, incluso aquellos enterrados en lo más profundo de su mente subconsciente.

La mayor resiliencia emocional que aporta el Samadhi también es muy útil para mejorar su capacidad de tomar decisiones. Puede hacer que sea más sensato emocionalmente, lo que es estupendo si quiere que le resulte más fácil manejar situaciones difíciles y resolver conflictos.

• **Mejora el enfoque y la claridad mental:** Otra cosa que el Samadhi puede hacer por usted es mejorar su claridad mental y su enfoque, lo cual es una gran razón para motivarlo a alcanzar este estado supremo. Este estado juega un papel crucial en la construcción de su concentración y enfoque.

Una vez que entre en el Samadhi, notará que las sensaciones de su cuerpo se disuelven, dándole un descanso completo. También puede silenciar todos los pensamientos que surgen en su mente, dejándole solo la realización del ser.

Al eliminar todos los pensamientos que tienen demasiado peso en su vida diaria, seguramente se sentirá ligero después de cada sesión de práctica. Puede despejar su mente y notar que su carga se aligera a medida que sus pensamientos desaparecen. Esto puede llevarle a experimentar la pura felicidad.

Aparte de las razones mencionadas, también debe intentar alcanzar el Samadhi porque es la forma definitiva de conectar con lo divino. Puede mejorar su espiritualidad y acercarlo a Dios. Solo asegúrese de que su objetivo para alcanzar el Samadhi es lograr Kaivalya.

Comprendiendo Kaivalya

Como razón fundamental para alcanzar el Samadhi, es necesario aprender todo lo que se pueda acerca de Kaivalya. Si todavía no está familiarizado con ello, tenga en cuenta que Kaivalya es el último estado de iluminación que puede alcanzar. También conocido como nirvana o moksha, el estado de Kaivalya le permite ser completamente libre y sin miedo.

Sin embargo, algunas personas tienen una percepción errónea de él, ya que lo ven como aniquilación o negación. Todo el concepto gira en torno a aislar completamente su alma de la materia y obtener una comprensión completa de que la felicidad genuina no tiene nada que ver con el mundo externo.

Una vez que alcance Kaivalya, se dará cuenta de su independencia, así como de lo importante que es. Si quiere llegar a este estado con éxito, entonces necesita superar todos sus apegos y deseos. También debe liberarse de cualquier alteración y modificación de su mente.

Según Patanjali, su alma solo encontrará el final cuando realice la iluminación, la libertad y Kaivalya. Sin embargo, tenga en cuenta que, aunque Kaivalya significa estar en un estado de soledad, nunca debe confundirlo con vivir en reclusión o soledad. Se trata simplemente de liberarse del egoísmo, la aversión, la atracción, la dualidad y la esclavitud.

También le libera del ciclo de muertes y nacimientos. Kaivalya es la unión final, eterna y completa con la forma pura y real. Una vez que ya está en esta etapa, puede referirse a sí mismo como un Kevalin.

Cómo alcanzar Kaivalya

Alcanzar Kaivalya requiere que atraviese el camino de Nirbija Samadhi y Dharma Megha Samadhi. La razón es que estos dos son considerados como el último par de etapas que le conducen a Kaivalya. Este camino hacia el Samadhi comienza desde el Nirbija Samadhi, que consiste en tener solo conciencia pura y vacía en la existencia. Significa que lo que existe es solo el ser autoconsciente.

Puede llegar a este estado estando primero en el nivel Asmita, que le da la oportunidad de ir al nivel más profundo de su conciencia. Tenga en cuenta que ya no queda nada del Pratyaya al lograr el Asamprajnata Samadhi. Puede darle un tipo de conciencia que puede producir un efecto completamente diferente, que es el Nirbija Samadhi.

En esta etapa, notará que supera fácilmente las luchas a medida que se ajusta a su estado de autoconciencia totalmente vacía. Necesita enfrentar tales luchas hasta que llegue a la etapa final, el Dharma Megha.

Una cosa para tener en cuenta es que los aforismos relativos a las dos etapas, Nirbija Samadhi y Dharma Megha, son abstractos y oscuros. Se puede ver que este hecho está indicado en los sutras del yoga. Estos aforismos son también casi incomprensibles. Dicho esto, hay una gran posibilidad de que Patanjali solo quiera transmitir que cuando esté en Nirbija Samadhi, experimentará la vacuidad entre un momento y otro.

Con esa experiencia, puede entrenarse en cómo ejecutar el Samadhi incluso si siente el vacío. Si tiene éxito, entonces es seguro decir que finalmente ha dominado y alcanzado el Dharma Megha. Esto también le llevará finalmente a Kaivalya.

Basado en el camino de Nirbija y Dharma Megha Samadhi, llegar a Kaivalya probablemente le hará pasar por diferentes formas de liberación, entre las que se encuentran la liberación física, mental y espiritual.

Básicamente, estará tomando un enfoque de 3 pasos para finalmente liberarse de todo lo que podría estar obstaculizando su camino hacia Kaivalya, incluyendo los deseos, el egoísmo, el apego, la ilusión o la ignorancia, la naturaleza y las acciones pecaminosas.

Liberación física

La liberación física es probablemente el primer y más importante paso que puede dar al permitirse un viaje hacia el camino de Kaivalya mientras toma las rutas de Nirbija y Dharma Megha Samadhi. Muchos lo consideran el paso más importante, ya que nadie puede esperar alcanzar la liberación si no se libera de las cadenas de su cuerpo físico.

Este paso requiere que libere su cuerpo de los impulsos y limitaciones naturales. Necesita hacer esta liberación gradualmente para evitar que su cuerpo sufra un choque. También es el momento en que debe comenzar a controlar actividades y funciones corporales específicas, como la sed, el hambre, el deseo sexual, el sueño, la respiración y cualquier deseo de placeres físicos.

Aparte de eso, necesita liberarse y regular sus apegos con su nombre y su forma. Una cosa que hay que recordar al tratar de alcanzar Kaivalya es que su lucha por ser libre debe comenzar con su cuerpo. La razón es que es el principal dominio de la naturaleza. Es lo que contiene el máximo poder y fuerza.

El hecho de que la naturaleza tiene una influencia poderosa y significativa en su cuerpo hace que incluso los gurús del yoga y los practicantes avanzados de yoga tengan dificultades para sucumbir a sus deseos naturales. Esto es lo que tiene que tratar de evitar que suceda en la medida de lo posible. Necesita dominar el arte de lidiar con todos sus deseos e impulsos naturales y físicos, para no perder el rumbo y empujarse verdaderamente hacia Kaivalya.

Liberación mental

También es necesario lograr la liberación mental si quiere alcanzar Kaivalya. Recuerde que su mente es un aspecto inestable e inquieto de su personalidad. Muchos también la consideran como el factor más vinculante y limitante para su liberación. La razón es que es propensa a sucumbir a las influencias externas y a las debilidades internas.

Tiene que aprender a liberar su mente de las cadenas del mundo si quiere tener éxito mientras toma el camino de Nirbija Samadhi a Dharma Megha y finalmente a Kaivalya. Es posible si controla sus deseos, sentimientos, preocupaciones, emociones, impulsos y pensamientos. También tiene que comenzar a controlar su apego, los prejuicios, la codicia, el orgullo, el egoísmo, la enemistad, la ansiedad y los gustos y disgustos.

Inmediatamente sabrá si ya ha alcanzado la liberación mental si deja de ser crítico, de juzgar, de enfadarse, de tener miedo y de estar ansioso, entre otros muchos sentimientos negativos. En este caso, debe hacer algo para cultivar el desapego y permanecer impermeable a las dificultades y problemas de la vida.

Trate de liberarse impidiendo que los acontecimientos externos le molesten también. Puede poner en práctica este acercamiento siempre que practique la igualdad y la ecuanimidad con todos los pares de opuestos y dualidades. Además, la liberación mental es posible si cultiva las buenas virtudes y practica el desapego, el desapasionamiento, la compasión, la paciencia, la ecuanimidad, la tolerancia y el perdón. Además, es necesario entrenarse para lograr el pensamiento correcto y adecuado, así como un excelente ensimismamiento, meditación y concentración.

Liberación espiritual

Cuando finalmente obtiene el control total tanto de su cuerpo como de su mente y purifica y llena ambos con el predominio de sattva, puede esperar que la libertad o liberación espiritual le siga naturalmente. Tiene que lograr este camino si quiere que Kaivalya esté finalmente a su alcance.

Tenga en cuenta que solo puede alcanzar la liberación espiritual si tiene éxito en liberarse completamente de todas las formas de apego, deseo y condicionamiento. Esto significa que estas cosas no deben estar cerca para conquistarle, molestarle o abrumarle. Su objetivo debe ser transformarse en uno que no sea tocado por ninguna impureza o acción que lo rodee.

En la mayoría de los casos, puedes llegar a este estado a través del desapego, la devoción, el conocimiento, la fe y la entrega. Además de esforzarse por obtener los mejores resultados del yoga y la meditación, también hay que practicar la liberación espiritual tratando de estudiar las escrituras. Además, debe trascender su ignorancia, seguir los mandatos de las escrituras, cultivar el discernimiento adecuado y acercarse a alguien con conocimientos sobre la espiritualidad, como un maestro espiritual o un gurú del yoga.

Tampoco hay nada que pueda superar su decisión de entregarse a Dios y actuar desinteresadamente y con sacrificio, desprovisto de cualquier expectativa y deseo, cuando se trata de alcanzar la liberación espiritual. Lo bueno de este estado es que todo el mundo puede alcanzarlo. No puede probarlo físicamente, y alcanzar este tipo de liberación a lo mejor puede ser difícil al principio, pero puede estar seguro de que es posible.

Ser verdaderamente libre en este sentido significa que debe pasar por el proceso de liberar tanto su cuerpo como su mente. Debe tener la voluntad de lograr ese tipo de libertad. Su objetivo es conseguir el control total tanto de su cuerpo como de su mente, así como de las limitaciones específicas a las que puede someterse. Esto puede dar lugar a que viva como un alma libre, libre de cualquier preocupación o cuidado.

También puede evitar que se entregue demasiado a la autoperpetuación y a la autopromoción. Tendrá la oportunidad de aprender y seguir el flujo de la vida. Al liberarse, sobre todo espiritualmente, también puede abrirse a diversos aspectos de la vida sin ninguna expectativa ni temor.

Todo esto es lo que seguramente podrá experimentar cuando llegue a Kaivalya. Es el tipo de iluminación que le permitirá sentirse genuinamente feliz con su vida, incluso si no tiene muchas posesiones materiales.

TERCERA PARTE: Aplicaciones del Samadhi en la vida cotidiana

Capítulo 10: Los beneficios de la práctica del Samadhi

Como yogui, su objetivo debe ser siempre entrar en el estado de Samadhi. Es una indicación de que tiene éxito en su práctica. Puede considerarse un verdadero yogui si ha pasado por una práctica suficiente que le hace dominar el arte de desprenderse y apegarse.

Cuando llegue a este estado, se puede decir que ha alcanzado el Samadhi, uno en el que también tiene la oportunidad de obtener una comprensión completa de sí mismo. En este estado, conectará con lo divino y alcanzará la iluminación espiritual y llegará a un acuerdo con su verdadera personalidad.

Siendo el último miembro del yoga sutra, el Samadhi absorbe completamente su conciencia y le permite observar mejor. La mayoría también lo considera como el nivel superior de meditación que se enseña en varias escuelas populares de yoga.

Otra ventaja del Samadhi es que todo el proceso para alcanzarlo le da la oportunidad de pasar por etapas diseñadas para mejorar los diversos aspectos de su vida. Por ello, ya no es sorprendente ver a muchas personas aplicando esta práctica en su vida diaria.

El Samadhi promueve una mejor salud

Uno de los beneficios conocidos del yoga Samadhi, y de las sesiones de meditación que suelen acompañarlo, es una salud superior y mejor. De hecho, varios estudios, incluyendo los realizados por el *Journal of Psychosomatic Medicine,* mostraron una reducción significativa en el número de casos de cáncer y enfermedades cardiovasculares entre aquellos que meditan y practican yoga Samadhi regularmente.

La razón principal detrás de esto es que la meditación Samadhi proporciona cambios positivos en el funcionamiento de su sistema inmunológico. Lo bueno de estos resultados y cambios positivos es que duran mucho tiempo. La práctica incluso ayuda a ralentizar la progresión del VIH.

Otra cosa que el Samadhi puede hacer por usted es disminuir su experiencia de dolor, así como la activación cerebral relacionada con el dolor de manera significativa. Incluso se ha descubierto que el yoga Samadhi y la meditación pueden disminuir más el dolor en comparación con la morfina y otros analgésicos populares.

Entre los tipos de dolor que esta práctica puede ayudar a tratar están las migrañas, la inflamación de las articulaciones y el dolor de espalda baja. El samadhi también puede promover una mejor salud al reducir el nivel de estrés generado por su mente. Tenga en cuenta que el estrés es un desencadenante común de algunos problemas de salud.

Incluso puede disminuir el flujo de energía esencial dentro de su cuerpo, afectando la salud de sus diferentes partes y órganos. Practicando el Samadhi a través del yoga y la meditación, puede disminuir su nivel de estrés, lo que también puede conducir a una mejor salud.

El Samadhi aumenta su cociente emocional

Practicar el Samadhi también es bueno para usted en lo que respecta a su inteligencia emocional (EQ). Los practicantes de meditación y yoga Samadhi incluso notaron una mejora significativa en la forma en que manejan sus emociones después de alcanzar con éxito el estado supremo.

Según el estudio realizado por la Universidad de Wisconsin, la práctica del Samadhi ayuda a potenciar la inteligencia emocional al estimular las actividades de varias partes del cerebro que ayudan a formular sentimientos y emociones positivas, como el autocontrol, la alegría y la felicidad. También reduce las actividades de ciertas partes del cerebro relacionadas con las emociones negativas, como la tristeza, el egocentrismo y la depresión.

Aparte de eso, también se puede utilizar el Samadhi para calmar esa parte específica del cerebro que provoca la ira y el miedo. Además, promueve un cambio en una determinada sección del cerebro, que tiene la función de controlar su capacidad de alcanzar la paz interior, especialmente cuando se enfrenta a situaciones extremadamente perturbadoras.

El yoga y la meditación, especialmente cuando se relacionan con el Samadhi, pueden hacer que se sienta más tranquilo, pacífico y equilibrado. Este beneficio es bueno no solo para su salud física, sino también para su bienestar emocional y su salud mental. También le encantará el hecho de que los resultados positivos de la práctica no solo terminan después de la sesión de yoga y meditación.

Incluso una sesión corta ya es una gran ayuda para pasar con calma todo el día y mejorar su salud en general. El yoga Samadhi también trabaja en la eliminación de la sobrecarga de información que tiende a acumularse diariamente, contribuyendo así a su alto nivel de estrés.

También trabaja en el aumento de su cociente emocional y la inteligencia por lo que le permite obtener nuevas perspectivas sobre las situaciones difíciles y estresantes y cultivar algunas habilidades necesarias en la gestión del estrés. Además, la práctica regular del Samadhi puede aumentar su autoconciencia, disminuir sus emociones negativas y permitirle centrarse en el ahora o el presente. Todos estos beneficios pueden significar que estarás en camino de elevar su Inteligencia Emocional.

El Samadhi mejora el funcionamiento del cerebro

Un mayor y mejor funcionamiento del cerebro también puede estar relacionado con la práctica constante del Samadhi. Aquellos que hacen constantemente el yoga Samadhi, permitiéndoles meditar a lo largo del proceso, son famosos por tener mejores actividades cerebrales, específicamente en las áreas del cerebro que procesan las emociones positivas.

La práctica también parece ayudar a disminuir las actividades en ciertas áreas del cerebro vinculadas a la depresión, la ansiedad, así como otras emociones negativas y no deseadas. Al meditar, que siempre forma parte de la práctica del yoga, se puede aumentar el tamaño de la región cerebral específica vinculada a las emociones positivas.

Además, la meditación diaria trabaja para engrosar las áreas específicas de su corteza cerebral que juegan un papel vital en su memoria, enfoque, atención y toma de decisiones. Otros beneficios del Samadhi, en lo que se refiere a su cerebro, son un mejor rendimiento académico, un mayor coeficiente intelectual, mejores habilidades creativas y de resolución de problemas, mayor memoria y concentración, y percepciones más precisas.

Aparte de eso, también es posible que experimente un mejor rendimiento y satisfacción en el trabajo, así como un tiempo de reacción más rápido. Si es un atleta o un entusiasta de los deportes, le alegrará saber que el Samadhi puede beneficiar a su cerebro de forma

que se incremente su resistencia y energía y se mejore su rendimiento atlético y deportivo.

El Samadhi promueve un mejor rendimiento en la vida personal y en la carrera profesional

Con los increíbles beneficios que el yoga Samadhi proporciona a su salud mental, emocional y física, es seguro decir que también puede jugar un papel importante en la mejora de su rendimiento en su vida personal y su vida profesional o carrera. Puede aumentar su rendimiento en el trabajo mejorando su productividad.

La razón principal es que libera su mente del estrés y la hace más relajada, lo que hace que pueda trabajar de forma más eficiente y eficaz. Tenga en cuenta que la parte derecha de su cerebro desempeña un papel importante en la elaboración de nuevas ideas. Puede esperar que esta parte trabaje más activamente si hace yoga y meditación regularmente.

El hecho de que el Samadhi pueda activar esa parte de su cerebro es también la principal razón por la que puede empezar a producir ideas y diseños nuevos y creativos. Además, puede aumentar significativamente su concentración, lo que puede hacer que sea más productivo.

El Samadhi también tiene un impacto en su vida personal. Puede hacerle más consciente, lo que es bueno para mejorar sus relaciones laborales y sus relaciones con otras personas, como sus amigos, su familia y su pareja. Esta práctica aumenta su atención plena y reduce sus niveles de estrés y el riesgo de sufrir depresión y ansiedad.

Incluso puede ayudar a mejorar su estado de ánimo, lo cual es beneficioso si quiere comunicarse bien con los demás y expresarse a sí mismo y a sus emociones. Tendrá un rendimiento mucho mejor en su vida personal, ya que el yoga Samadhi también mejora su inteligencia emocional. Esto puede dar lugar a la construcción de relaciones con facilidad y naturalidad.

El hecho de que el Samadhi requiere que medite con regularidad también mejora su capacidad de aceptar a los demás, lo cual es la clave para crear un entorno más holístico y acogedor en el trabajo, en casa y en cualquier otro lugar que frecuente.

El Samadhi mejora la creatividad y el enfoque

El Samadhi también puede beneficiar en gran medida su enfoque y creatividad. Puede mejorar significativamente su concentración, ya que le enseña a estar presente en el ahora. También es una de las técnicas más utilizadas y practicadas para controlar el estrés. Puede esperar que trabaje en esa área reduciendo su angustia psicológica y promoviendo la claridad en los pensamientos.

La práctica constante del yoga Samadhi y la meditación también contribuye mucho a ampliar el nivel de su autoconciencia. Aparte de eso, muchas personas siempre consideran el yoga como una forma de vida caracterizada por la dicha pura, la armonía, el equilibrio y la salud. Seguramente le resultará útil para explotar su creatividad.

Tenga en cuenta que existe una fuerte conexión entre el yoga y el proceso creativo de su cerebro. Cada vez que tenga una visión creativa, su cerebro se prepara automáticamente para ello cerrando todas las actividades de su corteza visual. Es como si cerrara los ojos para librarse de las distracciones, lo que le permite concentrarse aún mejor.

El cerebro está cortando la entrada sensorial y mejorando la relación señal-ruido como medio para recuperar o encontrar respuestas del subconsciente. Puede comparar este acto de eliminar otras salidas sensoriales con el pratyahara, el famoso quinto miembro del yoga. Es el momento en el que se desconecta la mente de todas las influencias procedentes de los cinco sentidos.

Dicho esto, es seguro decir que el yoga Samadhi tiene una fuerte conexión con su creatividad y enfoque. Le permite estar en paz y sentirse más relajado, lo que puede estimular su creatividad. Lo bueno de potenciar su creatividad es que también ayuda a perfeccionar sus habilidades para resolver problemas.

Sus ideas creativas comenzarán a estimular su cerebro, de modo que este pueda encontrar constantemente las mejores soluciones para determinados problemas. Esto es beneficioso para cualquier persona que desee expresarse de forma creativa. Además, en los yoga sutras, los tres miembros restantes de la meditación, la absorción completa y la concentración se encuentran alrededor para ayudar a su mente a alcanzar la quietud.

Una de las ventajas de tener una mente quieta es que puede hacer aflorar su sabiduría intuitiva. Con eso, puede comenzar a vivir su vida con la capacidad de manejar todas sus preocupaciones diarias de una manera más creativa.

Aparte de eso, el yoga Samadhi y la meditación también pueden proporcionarle varias ventajas psicológicas y cognitivas, como una mejor concentración en las tareas, el aprendizaje y la memoria, así como una empatía, introspección y atención sostenidas. Todos estos beneficios son vitales para su creatividad.

Otros beneficios que ofrece la práctica del Samadhi

La práctica del yoga Samadhi puede hacer que sienta la sesión de meditación de manera muy profunda. Es tan profundo que ya no podrá pensar en nada más, incluyendo el hecho de que está haciendo la práctica. Con ello, todo el proceso se volverá más natural para usted. Además de los beneficios indicados en este capítulo, la práctica del Samadhi también le permitirá experimentar la tranquilidad y la paz interior que espera. Puede aumentar su estabilidad emocional y mejorar su capacidad de controlar sus pensamientos.

Además, puede hacer que su carácter sea puro, establecer su capacidad intuitiva y su fuerza de voluntad, e impulsar su vitalidad y sus sentimientos de rejuvenecimiento. Puede hacerle sentir una auténtica felicidad: la felicidad de la vida y la que proporciona el hecho de ser uno mismo.

La práctica también puede darle una forma indescriptible de felicidad y paz. No puede describirla con palabras, pero podrá sentirla de todo corazón. Con la capacidad del yoga Samadhi para establecer la sensación de agudeza mental, calma y paz, así como para ayudar a transformar su vida para mejor, es muy recomendable hacerlo un elemento de su vida.

Capítulo 11: Entrenamiento del cuerpo y la mente

Ahora es el momento de conocer algunos consejos y trucos que le ayudarán a entrenar tanto su cuerpo como su mente y preparar ambos, para que pueda implementar fácilmente el Samadhi. Necesita aumentar su conciencia sobre las diferentes técnicas de yoga y formas de meditación garantizadas para hacer que el proceso de hacer del Samadhi una parte de su vida sea lo más suave y libre de problemas posible.

Cuando escoja la mejor técnica para hacer de la práctica del Samadhi una parte de su vida, tenga en cuenta que la mejor suele ser aquella que puede ayudar a entrenar tanto su cuerpo como su mente. Además, recuerde que una cosa que la mayoría de las prácticas de yoga tienen en común es la meditación. Esto significa que cada vez que practique yoga Samadhi, lo más probable es que tenga que meditar.

Para comenzar a entrenar su cuerpo y su mente y prepararlos para que el Samadhi forme parte de usted, he aquí las técnicas más modernas y los consejos prácticos conocidos por su eficacia para cambiar su vida.

Yoga consciente

Una técnica eficaz que puede utilizar para entrar en Samadhi y asegurarse de que entrena su cuerpo y su mente para aceptar la práctica es el yoga consciente. Es una gran técnica, ya que se centra principalmente en la conciencia de la mente y el cuerpo. No se centra únicamente en los detalles exactos de la postura física y la alineación, sino principalmente en la elevación de su conciencia sobre su mente y su cuerpo.

El concepto de yoga consciente es nutrir la atención dentro de usted con la ayuda de las asanas como vehículo principal. Aporta la conciencia plena a todas las actividades físicas, lo que es una gran ayuda para cultivar un enfoque más alerta en cualquier cosa que esté haciendo. Puede transformar ese movimiento en una especie de meditación. Dicho esto, se puede decir que el yoga consciente es un tipo de meditación que se practica con frecuencia antes de una sesión formal de meditación sentada.

Otro rasgo distintivo de esta forma de yoga es que se enfoca más en observar en lugar de reaccionar. Aunque observar en lugar de reaccionar es una noción y un principio común en el yoga, esta práctica específica de yoga consciente es diferente, ya que considera que el proceso de observar sus sentimientos y su mente es extremadamente importante cada vez que hace una postura.

El yoga consciente también requiere que usted escanee su propio cuerpo con el objetivo de detectar incluso las formas más sutiles de cambiar sus puntos de vista sobre su cuerpo, sus pensamientos y todo el sentido de sí mismo cada vez que cambie de postura o se mantenga en ella. Además, tenga en cuenta que el objetivo principal de esta técnica es volverse más abierto y curioso sobre todo lo que ha observado y notado sobre su cuerpo y su mente.

También necesita hacerlo sin ningún tipo de apego o juicio, que es siempre un componente clave cuando se trata de alcanzar el Samadhi. Es crucial investigar sus sensaciones corporales completamente y luego liberar su foco de atención intencionalmente antes de cambiar a la siguiente parte que pretende explorar.

Asegúrese de perfeccionar su curiosidad cuando practique el yoga consciente. Cada vez que su mente divague, obsérvela cuidadosamente para poder detectar fácilmente los juicios y la irritación a medida que se presenten, y luego deje que su mente regrese a su cuerpo y a su respiración cuando esto suceda. Además, debe dedicar cada práctica a al menos una de las principales bases de la atención plena. También puede trabajar a través de estos fundamentos de forma secuencial.

Atención plena del cuerpo

Esta base consiste en aumentar su conciencia acerca de que su propio cuerpo es un cuerpo real. Debe acordarse constantemente de que el cuerpo está formado por varias partes, como la piel, los dientes, los huesos, los pulmones, el corazón y las uñas, entre otras muchas. Cada parte es un cuerpo diminuto que se encuentra en una entidad mayor que denomina como su cuerpo.

Al cultivar la atención plena de su propio cuerpo, reconocerá lo impermanente que es su cuerpo y cómo es propenso a la muerte, la enfermedad y las lesiones. Por ello, deberá considerarlo como un cuerpo y no como la fuente última de felicidad duradera y genuina.

Atención plena a la mente

También es aconsejable dedicar su práctica de yoga consciente a la atención plena de la mente de vez en cuando. Este fundamento no se refiere directamente a su mente pensante. En cambio, se trata más bien de elevar su conciencia y conocimiento. Lo bueno de dedicarse a este fundamento es que le ayuda a comprender que el conocimiento o la conciencia se producen de un momento a otro y se basan en la

información que le llega de varios sentidos y de sus estados mentales internos.

Además, conseguirá entender que su mente no puede existir por sí misma. Lo que aparece y existe son estados mentales específicos basados en estímulos o condiciones externas o internas. Al prestar atención a cómo se produce y se aleja cada pensamiento, se dará cuenta y comprenderá al instante que usted nunca será sus propios pensamientos. Con eso, puede aprender a evitar atar su identidad a sus pensamientos y mirar su mente exactamente como es.

Atención plena a los sentimientos

Este fundamento específico se refiere a los sentimientos o emociones, y a las sensaciones corporales. Tenga en cuenta que también es posible subdividir los sentimientos o emociones al igual que la mente y el cuerpo. Puede dominar la atención plena a los sentimientos comprendiendo que, independientemente de cuál sea su emoción o sentimiento actual, ya sea desagradable, agradable o neutro, debe ser capaz de observarlo y reconocerlo por completo.

También debe recordar que esos sentimientos se disiparán con el tiempo. Con la ayuda de esta base, sabrá observar los sentimientos siempre que surjan, en lugar de identificarse con cada uno de ellos o atribuirles alguna forma de juicio.

A través de la atención plena a los sentimientos, se dará cuenta de que los sentimientos son simplemente como son, por lo que debe evitar utilizarlos para definir su verdadero yo. Al comenzar a percibir los sentimientos como simples sensaciones o emociones naturales, en lugar de sus propios sentimientos, llegará a cultivarlos de manera que también pueda perfeccionar su desinterés.

Atención plena al Dharma

También es aconsejable cultivar la atención plena al Dharma si quiere alcanzar el Samadhi y aplicar esta práctica en su vida diaria. El término Dharma es sánscrito y se utiliza para describir la ley natural o el modo natural de las cosas. También llamada atención plena a los

objetos mentales, esta forma específica de atención plena le permitirá aprender y comprender todas las cosas que le rodean y le hará darse cuenta de que existen solo como elementos mentales o manifestaciones de la realidad.

Cuando se cultiva la atención plena del Dharma, es necesario practicar la conciencia y el conocimiento de cómo todo se interrelaciona. También le recuerda el hecho de que todo es solo temporal, por lo que no tienen ninguna autoesencia. Con ello, puede identificarse más como alguien que es más consciente de lo que le rodea y comprende lo que es más importante.

Yoga Siddha Samadhi

Esta técnica es una forma de yoga que también requiere meditar. Una de las ventajas del yoga Siddha Samadhi es que cualquiera puede practicarlo con facilidad, independientemente de su religión, género, credo y edad. Solo asegúrese de que entiende completamente su significado, que es despertar en ese estado en el que logró el conocimiento.

Aquí están los pasos involucrados en la práctica del yoga Siddha Samadhi y asegurar que entrena tanto su cuerpo como su mente para alcanzar el Samadhi y sacar el máximo provecho de él.

- **Paso 1:** Siéntese cómodamente con las piernas cruzadas. Coloque cada mano en cada rodilla asegurándose de que las palmas de las manos estén hacia abajo. Esta postura se denomina mudra del zángano.
- **Paso 2:** Con los ojos cerrados, concéntrese en permanecer firme. Durante esta etapa, espere que algunos pensamientos penetren en su mente. Sin embargo, durante la sesión de meditación, debe intentar obtener un control total de cada pensamiento. Su objetivo debe ser deshacerse de todos los pensamientos.

- **Paso 3:** Visualice una imagen de un gurú del yoga o de un santo, y luego concéntrese en ella. Su enfoque en la imagen visualizada es una gran ayuda para eliminar todos sus pensamientos no deseados e innecesarios. También debe visualizar o imaginar que la imagen está en el centro de ambas cejas. Concéntrese aún más profundamente y comience a visualizarla completamente.

- **Paso 4:** Con los ojos cerrados, cante mantras u OM en voz alta. Tanto los mantras como el OM pueden proporcionar efectos similares. Tenga en cuenta que, al cantar mantras, es muy probable que sienta las vibraciones a su alrededor. Una ventaja de estas vibraciones es que pueden afectar positivamente a su cuerpo. Las vibraciones son lo que necesita para limpiar su cuerpo internamente y prepararlo para el Samadhi, que consiste en tener una sensación divina y suprema.

- **Paso 5:** Llegar a este paso significa que finalmente obtuvo el control total de su mente, haciendo posible que se haga cargo de ella. Si esto ocurre, agradézcalo, ya que indica que ya está empezando a progresar en su camino espiritual. Permanezca en esta condición o estado meditativo todo el tiempo que desee.

- **Paso 6:** Si tiene éxito en esta meditación de yoga Siddha Samadhi, puede elegir terminar esta sesión. Hágalo de manera similar a cuando la comenzó. El final de la sesión significa que se incite a salir de la divinidad o del sentimiento divino. También es aconsejable dejar que sus pensamientos penetren en su mente en este paso. Su objetivo es crear conciencia y conocimiento y asegurarse de que su mente es plenamente consciente de todo lo que le rodea.

- **Paso 7:** Palmear lentamente. Puede hacerlo frotando las palmas de las manos una contra otra. Asegúrese de mantenerlas sobre los ojos. También puede utilizar las palmas para cubrirse los ojos por completo. Después, puede abrir los ojos gradualmente. Deje que sus manos y piernas se muevan.

Meditación Sahaj Samadhi

También puede beneficiarse enormemente de esta forma de meditación si la incorpora a su práctica regular de yoga Samadhi. Esta técnica de meditación comprende las palabras Sahaj y Samadhi, que significan sin esfuerzo o natural y un estado de meditación profunda, respectivamente. Con esta forma de meditación integrada en sus prácticas de yoga Samadhi, tiene la oportunidad de dejarse llevar por un estado de relajación reposado, tranquilo y profundo.

Una cosa importante por recordar sobre Sahaj Samadhi es que la sesión de meditación se basará principalmente en mantras. Esto significa que tendrá que repetir una palabra o mantra en silencio y muchas veces en su mente. El canto del mantra sirve para calmar su mente hiperactiva y permitirle establecerse en una especie de calma reparadora que seguramente le guiará hacia la pura felicidad, una promesa que el Samadhi puede cumplir.

Esta forma de meditación también hace posible que su mente trascienda con facilidad de estar en un estado turbulento, que viene de la superficie de su mente consciente a las profundidades infinitas de su mente subconsciente, el centro de su felicidad ilimitada e inteligencia creativa.

Otra ventaja de esta forma de meditación es que puede practicarla incluso si está en casa. También es rápida, ya que puede completarla en solo quince o veinte minutos, tiempo suficiente para transformar su vida profundamente. Para practicarla, prepárese para utilizar algunos mantras como ancla. Esto hace que se distinga de otros métodos, como vipassana o perspicacia, que utilizan la respiración como ancla.

Básicamente, realizará esta forma de meditación sentándose en una postura fácil. Cierre los ojos y repita el mantra elegido lenta y repetidamente sobre su cabeza. Tenga en cuenta que lo más probable es que note que su mente divaga y tiene pensamientos al azar durante el proceso.

No se preocupe, especialmente si todavía es un principiante. Solo tiene que volver a ser consciente de que está cantando el mantra que ha elegido y seguir adelante. Una vez que haya dominado el arte de evitar que los pensamientos aleatorios lleguen a usted durante la sesión, podrá cosechar las recompensas de esta forma de meditación, incluyendo la de llevarle al estado más codiciado de Samadhi.

Otros consejos efectivos para realizar el Yoga Samadhi

Aparte de las técnicas mencionadas, también es necesario conocer los pasos y consejos básicos que debe seguir si quiere que le resulte más fácil practicar el yoga Samadhi. Para obtener los mejores resultados y aumentar su oportunidad de entrenar tanto su cuerpo como su mente para la implementación efectiva del Samadhi en su vida diaria, hágase el propósito de seguir estos consejos y trucos:

Prepárese

Antes de cada sesión de yoga y meditación Samadhi, prepárese para todo el proceso. Debe preparar tanto su mente como su cuerpo para que pueda aceptar fácilmente la práctica. Una de las preparaciones que debe hacer es encontrar el lugar perfecto para la sesión. Asegúrese de buscar un lugar relajante y cómodo donde pueda sentarse cómodamente. Coloque las manos sobre las rodillas y cierre los ojos. Esto le servirá como postura inicial, que se llama mudra.

Dominar el arte de controlar sus pensamientos

Tenga en cuenta que solo podrá profundizar en sus sesiones de yoga Samadhi si se mantiene firme y aprende a controlar todos los pensamientos que pasan por su mente, especialmente los aleatorios. Tenga en cuenta que varios pensamientos pueden visitarle durante cada sesión, por lo que debe dominar el control y mejorar su concentración, especialmente una vez que empiece a meditar. Deshágase de todos los pensamientos no deseados y asegúrese de que su concentración es del ciento por ciento.

Utilice su imaginación

Su imaginación puede ayudar significativamente a mejorar su concentración. Una cosa que puede hacer es visualizar o imaginar una imagen de su gurú del yoga. Quédese quieto e intente con todas sus fuerzas estabilizar su mente. Deshágase de todo temor y ansiedad y visualice la imagen que aparece entre sus cejas. Esto contribuye en gran medida a aumentar su nivel de concentración.

Cantar mantras

También puede mejorar su enfoque y concentración en cada sesión aprendiendo algunos mantras y cantándolos. Si no conoce ni siquiera uno, basta con decir "om". Sin embargo, evite cantarlo en voz demasiado baja. Puede producir efectos similares a cuando expresa un canto real.

Lo bueno de incluir algunos cantos en sus sesiones es que puede hacerle sentir vibraciones positivas en su interior. Con ello, lo más probable es que tenga la oportunidad de limpiar su cuerpo y tener esa sensación divina que solo el estado de Samadhi puede ofrecer.

Termine cada sesión con una sensación de conciencia recién adquirida

Tenga en cuenta que el momento perfecto para que termine cada sesión de yoga Samadhi es cuando finalmente ha ganado el más alto nivel de conciencia. Debe estar en la etapa en la que tiene un elevado sentido de conciencia sobre el mundo que le rodea y todo lo que hay en él. Con este tipo de conciencia, puede comenzar a ver todo bajo una nueva luz, ya que ahora es consciente de lo que realmente importa.

Capítulo 12: La unificación de caminos

Cualquiera que tenga la intención de alcanzar el Samadhi puede ahora acceder a varios libros y programas con mucha información relevante que le guiarán a lo largo de su viaje. Con la gran cantidad de recursos de yoga introducidos al público en la actualidad, es seguro decir que tiene varios caminos para alcanzar el Samadhi. Pero tenga en cuenta que, independientemente de estos numerosos caminos, todavía debe atravesar las tres etapas primarias del Samadhi.

Los otros programas, técnicas y puntos de vista sobre el yoga Samadhi son meras modificaciones de las tres etapas del Samadhi introducidas por Patanjali. Puede unir todas estas técnicas, por lo que alcanzar la dicha pura y el estado final de conciencia será mucho más fácil para usted.

Diferentes tipos de Samadhi

Cuando se trata de unificar los caminos hacia su objetivo de alcanzar el Samadhi, debe aprender sobre sus diferentes tipos. Es la clave para entender el Samadhi a un nivel mucho más profundo. Básicamente, hay tres tipos de Samadhi que debe conocer, dos de los cuales se encuentran entre las primeras etapas que debe atravesar.

durante su viaje, a saber, Savikalpa Samadhi y Nirvikalpa Samadhi. El tercer tipo se conoce como Sahaja Samadhi.

Savikalpa Samadhi

Con el Savikalpa Samadhi, puede seguir teniendo pensamientos dentro del trance. Sin embargo, tales pensamientos no podrán alterar ni perturbar el trance. En otras palabras, aunque haya un conjunto de ideas y pensamientos, usted, como buscador, seguirá disfrutando del trance divino, ya que no se verá afectado.

Además, tenga en cuenta que el Savikalpa Samadhi le permitirá disminuir toda la conciencia y el conocimiento humano durante un corto período de tiempo. Dura alrededor de una o dos horas y se caracteriza porque la concepción del espacio y del tiempo es completamente diferente. Con ello, espere sentirse como si estuviera en un mundo diferente. Puede unificar este tipo y estadio con otros métodos comprendiendo que usted es solo un instrumento, y que casi todo está ya hecho.

Savikalpa Samadhi también puede hacer que se dé cuenta de que todo el mundo necesita volver a la conciencia ordinaria. Lo más probable es que se encuentre con varias ideas y pensamientos procedentes de diferentes lugares, pero tiene la seguridad de que todos ellos no tendrán un gran impacto en su persona. Cada vez que medita, se mantiene imperturbable. También notará que su ser interior funciona con confianza y dinamismo.

Sin embargo, debe aspirar a ir un paso más allá uniéndose o siendo uno con su alma en Nirvikalpa. La razón es que cuando se une en este estadio específico de Samadhi, será más hábil para eliminar cualquier pensamiento o idea. Esto le permitirá entrar en un trance sin la mente, solo la dicha pura y la paz infinita.

Nirvikalpa Samadhi

Como se ha mencionado hace un rato, es necesario empujarse a sí mismo para pasar a Nirvikalpa y unirse con el alma en este estadio específico. Al entrar en Nirvikalpa, espera sentir que su corazón es más grande en comparación con el universo. En situaciones ordinarias, puede percibir el mundo y el universo como más grandes que usted. La razón principal es que es su mente limitada la que percibe tanto el mundo como el universo.

El Nirvikalpa samadhi puede ayudarle a ver el universo como un pequeño punto dentro de su enorme corazón. Con ello, tendrá la oportunidad de experimentar la dicha infinita y hacer crecer ese sentimiento supremo. Nirvikalpa es también la forma más alta de Samadhi alcanzada por muchos maestros espirituales. Si entra en este estado, entonces espere que sus efectos duren varias horas o incluso días.

Después de eso, necesita bajar de nuevo. Recuerde que lo más probable es que experimente ciertos efectos como olvidar su propia edad y nombre cuando baje. También puede ser incapaz de pensar o hablar correctamente.

Sin embargo, la práctica continua del Samadhi, particularmente la etapa de Nirvikalpa, puede ayudarle a funcionar normalmente justo después de bajar. Además, recuerde que una vez que entre en Nirvikalpa, tendrá ese impulso de no volver al mundo. Deberá evitar que eso ocurra, ya que permanecer en Nirvikalpa durante al menos dieciocho o veintiún días puede poner su alma en riesgo de no poder volver a bajar, ya que abandonará permanentemente su cuerpo.

Hubo varias ocasiones en el pasado en que los maestros espirituales alcanzaron el Nirvikalpa y terminaron siendo incapaces de bajar. Estos maestros espirituales lograron alcanzar la forma más elevada de samadhi, pero tuvieron dificultades para volver a la atmósfera del mundo y actuar como humanos de nuevo. Hay que

tener en cuenta que sería imposible operar y trabajar en el mundo si todavía se está en el estado de Nirvikalpa.

Sin embargo, todavía es posible que ocurra la dispensación divina. En caso de que el Supremo quiera que un alma específica continúe trabajando en la tierra, el Supremo puede ayudar a encontrar otro canal de conciencia divina y dinámica para traerlo de vuelta a la tierra incluso si ya han pasado veintiún días.

Sahaja Samadhi

La forma más elevada de samadhi que podrá alcanzar es Sahaja. Le permite estar en la forma más superior de conciencia mientras sigue trabajando en el mundo físico. Con ello, es posible que conserve su experiencia cuando todavía estaba en Nirvikalpa mientras realiza actividades terrenales.

Muchos también lo consideran como el Samadhi más versátil, ya que le permite ser un alma mientras también utiliza su cuerpo como el instrumento ideal. Cuando entra en esta forma de Samadhi, todavía puede hacer las cosas que hacen los humanos normales y corrientes. La única diferencia es que la iluminación divina le sobrecargará, especialmente las partes más internas de su corazón.

Estar en Sahaja también significa que se une con el maestro de la realidad. Puede llevarse a sí mismo a lo más alto por su propia voluntad, mientras que todavía tiene la capacidad de bajar y traer de vuelta su conciencia. Recuerde que incluso si alcanzó la forma más superior de realización, llegar a Sahaja es muy raro.

Solo unos pocos maestros espirituales llegaron a este estado. Es la razón principal por la que la etapa final del Samadhi sigue siendo el Dharma Megha con el objetivo final de alcanzar Kaivalya, en lugar de Sahaja. Sahaja Samadhi solo es alcanzable mediante el establecimiento de su unidad inseparable con el Más Alto o el Supremo. Cualquiera que entre en este estado, lo más probable es que permanezca aquí y sea capaz de manifestar a Dios perfecta y conscientemente en cada momento.

Practicando el Samadhi y haciendo la unificación aún más manejable

Ahora que tiene una idea clara sobre toda la práctica del Samadhi, sus estadios, algunas técnicas que pueden ayudarle a practicarlo y los fundamentos de la unificación de todos los recursos asociados a él, es el momento de dejar algunos consejos de despedida. Con solo tener en cuenta estos consejos básicos, podrá practicar el Samadhi con facilidad y lograr la unificación que espera de todo lo que ha aprendido de él.

Estos consejos seguramente le llevarán hacia la forma más elevada de Samadhi y le devolverán el equilibrio en todos los aspectos de su vida.

• **Comprométase a practicar el agradecimiento:** Acostúmbrese a dedicar tiempo cada día a hablar de las cosas que realmente aprecia y agradece. Incluso si solo hay una sola cosa en la que puede pensar, todavía sería genial para usted y para toda la práctica de Samadhi.

• **Dominar el Pranayama o la Respiración Consciente:** Es una de esas actividades que le ayudará a enfocarse en el ahora. Recuerde que, si quiere lograr el éxito en la consecución del Samadhi, aprender a estar presente es lo más importante. Puede hacerlo enfocándose en su respiración.

Puede comenzar cada día enfocándose en su respiración durante unos tres o cinco minutos. Observe sus patrones de respiración durante ese breve tiempo. Procure respirar tranquila y lentamente por la nariz. Además, concéntrese en los sonidos producidos por su respiración y mantenga relajados los dientes, los labios, la lengua y la mandíbula. Hacer esto es extremadamente eficaz para mantener la mente y el cuerpo tranquilos y en paz.

• **Dominar la autorrealización:** Tenga en cuenta que el Samadhi también se conoce como autorrealización de vez en cuando. La autorrealización consiste en saber más sobre sí mismo. Tiene que llegar a conocer su verdadero ser para que sea capaz de amar y aceptar quién es usted y dónde está en este momento. A través de la autorrealización, le resultará más fácil moverse desde un lugar de veracidad y honestidad. También se volverá más tolerante, no solo consigo mismo, sino también con los demás.

• **Medite:** Asegúrese de seguir informándose sobre el yoga, la atención plena y la meditación. Tenga en cuenta que, según los yoga sutras, la regla es que los practicantes de yoga relajen la intensidad de su esfuerzo. Pueden hacerlo meditando regularmente en la energía ilimitada que hay en su interior.

Debe dominar el arte de la meditación, ya que también le recordará constantemente lo importante que es reducir la velocidad. Sirve como recordatorio de que no se puede hacer todo en un solo día. Así, le resultará más fácil mantenerse intacto y unirse al flujo natural de la vida.

Estos consejos finales de despedida son sencillos, pero seguramente le llevarán a lugares si quiere lograr los mejores resultados de hacer del Samadhi una parte de su vida diaria.

Conclusión

Samadhi es el estado final que cualquier persona que quiera obtener los mejores resultados del yoga quisiera alcanzar. Se trata de la divinidad y la capacidad de dejar ir todo lo que no importa. Tenga en cuenta que puede utilizar cualquier técnica que desee para alcanzar este estado, ya que lo más importante es siempre la tecnología espiritual.

Además, debe recordarse constantemente que Samadhi significa igualdad. Con eso, es necesario dedicar el mismo tiempo a nutrir cada parte y aspecto de su ser. Cuando intenta implementar el samadhi en su vida, asegúrese de estar dispuesto a hacer aquellas cosas que puedan alimentar su cuerpo, su mente y su alma.

Haga también cosas que alimenten sus emociones. Haciendo todo eso, seguramente puede llevarse a sí mismo al último estado de conciencia y conocimiento y hacer del Samadhi una parte natural de su ser.

Vea más libros escritos por Mari Silva

Referencias

12 most loved Yoga Sutras. (2018, 4 de abril). YogaClassPlan.com. https://www.yogaclassplan.com/12-loved-yoga-sutras/

A Basic Introduction of Patanjali Yoga Sutras - Best Knowledge for Yogis. (2018, 6 de junio). YogaMoha. https://yogamoha.com/introduction-of-patanjali-yoga-sutras/#i_Samadhi_Pada_51_Sutras

Ashtanga Yoga. (n.d.). Www.Yogapoint.com. Obtenido de https://www.yogapoint.com/ashtanga_yoga/yoga_sutra_1.htm

Ashtanga Yoga Classes in Mumbai | Shahzadpur Farm Yoga. (n.d.). Yoga Classes. Obtenido de

https://www.shahzadpurfarmyoga.com/

Hewitt, I. (2015, 13 de junio). *The Yoga Sutras 101*. The YogaLondon Blog.

https://yogalondon.net/monkey/yoga-sutras-101/

Part 2, Introduction to Patanjali's Yoga: Samadhi-pada. (2013, 3 de julio). Ekhart Yoga.

https://www.ekhartyoga.com/articles/philosophy/part-2-introduction-to-patanjalis-yoga-samadhi-pada

Patanjali Yoga Sutras Explained with Meanings. (2019, 9 de octubre). Styles At Life. https://stylesatlife.com/articles/yoga-sutra/

Serving the Community of Lahiri Mahasaya Kriya Yoga. (2016, 10 de octubre). Lahiri Mahasaya Kriya Yoga. https://lahirimahasayakriyayoga.org/1-patanjali-yoga-sutra-samadhi-pada-or-samadhi-section/

Stern, A. (2019, 26 de febrero). *20 Particularly Relevant Yoga Sutras Translated and Explained*. YogiApproved™. https://www.yogiapproved.com/om/20-yoga-sutras-translated-and-explained/

The Chopra Center. (2018, 24 de agosto). The Chopra Center. https://chopra.com/articles/yoga-sutras-101-everything-you-need-to-know

The Most Important Yoga Texts | Yoga Guest Articles. (n.d.). Www.Sunnyray.org. Obtenido de https://www.sunnyray.org/The-most-autoritative-yoga-texts.htm

The Stages of Samadhi According to the Ashtanga Yoga Tradition. (n.d.). Yogainternational.com. https://yogainternational.com/article/view/the-stages-of-samadhi-according-to-the-ashtanga-yoga-tradition

The Ten Most Important Sutras. (n.d.). Vito Politano. Obtenido de http://vitoyoga.com/tag/the-ten-most-important-sutras/

The Ten Most important Sutras - Judith Hanson Lasater. (2020, 18 de mayo). Feathered Pipe.

https://featheredpipe.com/feathered-pipe-blog/yoga-sutras-judith-hanson-lasater/

The Yoga Sutras of Patanjali. (2019). Sacred-Texts.com. https://sacred-texts.com/hin/yogasutr.htm

What are the Yoga Sutras? (2018, 28 de noviembre). BodyMindLife. https://www.bodymindlife.com/blog/yoga/what-are-the-yoga-sutras

Yanush Darecki. (2017). *Samadhi*. Yogananda.com.Au. http://yogananda.com.au/pyr/pyr_samadhi.html

Yoga. (n.d.). Yogapradipika. Obtenido de https://www.yogapradipika.com/

Yoga Meditation. (n.d.). Swamij.com. Obtenido de https://swamij.com/

Yoga Sutra. (2017, 3 de abril). Yoga Journal. https://www.yogajournal.com/yoga-101/philosophy/yoga-sutras

Yoga Sutras. (n.d.). Swamij.com. Obtenido de http://swamij.com/yoga-sutras.htm

Yoga Sutras 101: Everything You Need to Know. (2019, 24 de agosto). Chopra. https://www.chopra.com/articles/yoga-sutras-101-everything-you-need-to-know

Yoga Sutras of Patanjali - Samadhi pada and Sadhana pada | Spirituality. (2018, 31 de marzo). Hindu Scriptures | Vedic Lifestyle, Scriptures, Vedas, Upanishads, Itihaas, Smrutis, Sanskrit. https://www.hinduscriptures.com/spirituality/yoga-sutras-of-patanjali-samadhi-pada-and-sadhana-pada/21016/

Yoga Sutras Of Patanjali Part 1. (n.d.). Thenazareneway.com. Obtenido de http://thenazareneway.com/yoga_sutras_of_patanjali_part_1.htm

Ingram Content Group UK Ltd.
Milton Keynes UK
UKHW022029030423
419604UK00006B/223

For Florian
Per aspera ad astra

With thanks to Diana Mastrodomenico, Leanne Connelly, Brian Thomson, Humayun Kabir, Rosie Corner, Lewis Klausener, James Leo McAskill and to the sincerity and life-affirming support of my colleagues, friends and students in Rome.

EXTRAVAGANT STRANGER

I

BONSAI

*One day I'll send a bill for all the hours I've waited alone for
you. I don't need the money so you'll receive for your disdain
a bonsai tree that hasn't grown in years.*

THE LOCAL BATHROOM MIRROR, 2016

The local calendar is set to the third day of the first month of year fifty in which it is written that a host of my younger faces are to gather in the local bathroom mirror. Sure enough, they cluster around my hairline as I shave, the younger ones bemused by my actions, the teenagers in awe of the blade. The sun lances through the window, it is clear to see, but for the steam that comes up from the sink. Every chin from twenty-four is scarred, I note, the gums in the thirties recede, into the forties' faces come hollowed cheeks and tired eyes. Up they rise to the reflected skylight.

One after the other they coil away into a radiant womb.

31 MARCH 1965

Conception night, *with a rush and a push*
you slop out your verse, *it makes mother blush*.

All over bar the Player's Medium and a check of the Pools
coupon, you pat her tummy, kiss her forehead and are both
asleep before you can flick the light out.

When you wake the next morning, the bulb is blown. My
day has already seen its fair share of action, there being no
time to rest in the tenebrous clamour, my dot-nose bent to
the heavy scent of woman.

Not alone by any stretch, we hold formation, ours the
fertilisation bull's eye, but, it being April Fool's Day, there's
a few tricks up my slippery sleeve, practising, as I was, back
on the other side. Having driven a few million into walls,
I let rip from my tail a canister of gel, the nuclear option,
which explodes deep inside her fallopian tube. Cult-crazy
spermicide in my wake.

I can't speak for the efforts mother's people make. I guess
they must pull as hard as I push.

THE PHOTO-PORTRAIT OF GENTLEMAN JIM, 1865–1935

The black-and-white photo-portrait, size of a Vegas Round card, profiles in a tree-shaded garden, his back to a thick brick wall four blocks high, left, right, my great-grand-father; a bollard of a man in long johns and plimsolls; a champion boxer.

When at last I can hold my own cutlery my father tells me about the milk-pale Irishman with bare fists raised, the outlaw wanted by the Marquis of Queensbury.

See there, the shamrock belt, Jim was champion of all Europe, southpaw, which means he led with his right leaving his left for the hook, like this, boom-boom, they'd go at it for hours, knuckle-to-knuckle, toe-to-toe. See the lick of red hair pasted down by generations, the Connelly knees, legs slightly bowed, look at how we're standing now, our feet at three o'clock precisely, 'Gentleman' because he dressed with care and spoke with excellent grammar. That's your blood, son, up there's a man who took a lot of beating, all of it against the law. If the policeman had come … He's standing tall because he hit them all back and a hell of a lot harder too; that's you.

Since my father died Gentleman Jim has hung above me. There is no limit to resemblance. We don't go down so easily, sharpened by self-harm. He is nowhere to be found on Google. Unorthodox, the genes fight gamely on.

FROM THE BACK SEAT, 1975

Riding to the beach at Westgate-on-Sea mid-August, back of Keith Lambaugh's spanking new '75 XJ6. Keith has more money than us and we've never been in a Jag. Dad's way behind his boss, tootling in the white Escort Estate, PJN 222D, with Mother smoking a Guards in a scarf and dark sunglasses gone wonky with the heat, one hand round my toddler sister, the other stabbing a finger into the 8-track to start Helen Reddy.

Brylcreem and tan, Keith's tanking it in the fast lane of the M3, new Foster Grants shading his lively eyes, leather jacket farting into the upholstery every time he turns to chat to the boys about the beach and there are new rocks he wants to show us and Aunty Sheila won't be coming this year and the breakfasts in his tent will be delicious. The windows are half-down; the car smells like Freeman, Hardy and Willis.

From walnut panelling Terry Jacks' 'Seasons in the Sun' comes on Radio 1, we've never heard it before but the tune's catchy, the story tragic and the speakers top banana. Unlike my older brother, I hate goodbyes and loss and *adios* but I keep my sadness quiet as death beckons from the first note. Keith doesn't know the words and by the third chorus he's out on his own, foot through the floor: *we've had joy, we've had fun, stick your fingers up your bum, if your bum doesn't last, you can find another arse.*

Ever get your fingers up your bums, lads? Keith asks laughing, sun-brown face turning to the road ahead then back to my brother and me. *Number 1 in the charts, Jack's an arse of a name, eh boys, we'll be singing it all week, we've had joy, we've had fun, stick your fingers up your bum, if your bum doesn't last, you can find another arse. Come on, Danny.*

By now my brother's singing along in his two-tone breaking voice, spitting his gum out the window, punching me in the shoulder as I curl my toes tight into my flip-flops and wonder what Starsky and Hutch would do.

BROTHER ELVIS, 1977

This be Damascus, be thou cursed Cain,
To slay thy brother Abel, if thou wilt.

Shakespeare, *I Henry VI*

The sunflower covers my mouth, my latest stick micro-
phone ripped from someone's garden during my slowest
walk home. The chestnut-finish radiogram's a grandpar-
ental hand-me-down, the bite marks round the rim from
when I cut my teeth before I could walk; Herb Alpert and
his Tijuana Brass.

Tonight, a 49p *Music For Pleasure: Elvis* compilation
slides out the cover at 33¹/3RPM, well-warped under the
stylus's fluff. I pelvis with violence. My bedroom door
flies inwards, the Elvis needle jumps. My brother on LSD,
cocaine and Galliano lifted from the Co-op, plain angry,
he picks at a scab on his hand, his eyes don't know when to
stop looking. The sunflower falls.

He's tripping and needs to be slapped so he can slap me
back much harder. Taller by four years, he offers to kneel,
penitent, his chin at my crotch, *come on, hit me, hit me, hit*
me, hit me, hit me, hit me, he grabs my chest, pulls my head
down, bites my ear till it bleeds, smacks the back of his skull
on the chestnut of the radiogram, takes a pillow from the
bed, smothers my face and punches it, my screams stifled,
upping the tempo until my nose pops twice, ping-pong,
ligaments shift, a clotted bloodslide oozes into my throat.
He passes out against the wardrobe.

Deep inside my agonies I'm thinking I liked Elvis 'cos he's
on his own. I might switch to bands in future.

THE SPARE PARTS MAN, 1980

Lunchtimes in 4th year we skulk to the brook where
Fridays Cyclops Molloy crashes one shiny black pack of
John Player Specials got with coins he's nicked off his dad.
They won't let me share their fags, *YOU ALWAYS LEAVE THE
END WET!* but I need the smoke less than the company.

Cyclops once left his glass eye floating in the tumbler on
Ma'am Cooke's desk as she tottered in to English under a
stack of Sheats and Kelley. I shall never forget her scream or
the sound of spines cracking against the floor. Without the
fake peeper, the socket is a tight moist hole, *Like a fanny!* Garry Smith says, chucking his empty biro upstream. *He let me
finger it last week.* Quick as you like I call Cyclops *Pussy-Face!*
so he calls me *Dan, Dan, the Spare Parts Man!* This is new.

*Because your face is a face of other people's parts, your ears are
too big to be yours, your teeth are so far apart that if you ever kiss
a girl her tongue will go between them, your hair is off a corpse,
your glasses are wank, your nose is just plain wrong, you're
wearing Lionel Blairs with fucking winkle-pickers, your dad's a
spaz in bed all day, your mum cleans people's houses, you were
seen with an ELVIS album last week, you've always got a stiffy
in your trousers, you're pubeless, you girl, you, Dan, Dan, the
Spare Parts Man, give us a twirl, Spacko! Suss!*

I can't remember if that's a soliloquy or a monologue but
like superglue on a bus seat *Dan, Dan, the Spare Parts Man* is
gonna stick 'cos they're shitting themselves laughing, flap-
ping their ears, poking out their teeth, dancing like they
reckon I dance, thanks to the nickname OF THE CENTURY
while Garry Smith's Bic comes eddying along in a tight circle, half-floating nowhere.

21

THE FERRARI IN FENCHURCH STREET

Fresh off the number 17 and school tie pocketed I climb up to the bedroom where you lie on your back, the illness holding you bolt-still, the ceiling, same as yesterday, for company. Hello, son. I take your knuckles into my fists like I'm shielding abandoned eggs.

Did I tell you, you begin, about Spencer Moore and our Italian Job? No? One lunchtime before you were born he and I were crossing Fenchurch Street when a Rome-plated scarlet Ferrari screeched to a halt inches from us; we were in the middle of a zebra, God knows.

Effortlessness deserting him, Spencer Moore, Harrow and Cambridge, slapped his hand down hard on the bonnet. You are a damnable fool, Signor!

The driver sprang from his pride and joy, put out by this national affront. You think as I'm Italian I know fuck nothing, eh? This is you English. Well I tell you one thing, I tell you as I'm Italian, I know *fuck all!*

I roar like his engine screaming off. My father speaks paralysed save his fingertips which tickle my palms on each expletive.

HURRICANOES

Fifteen years before I'd heard of *King Lear* I walked home from a party through a storm, daring the sideways rain to stop me, clenching my jaw, livid to the gills in a stretched-arm soaking.

Turns out I'd also lost a girl, I kissed her in the disco the week before, fell immediately to lovesickness, dry-mouthed, way off the pace during 5th-form games, nights spent praying to any god who'd listen that her crowd would show and I could get to know her name, and in doing so use my tongue again.

The late evening sun lit up the crosstown bus, but by the time I saw her in the kitchen I'd had three ciders and the sky outside was heavy as a boxer's eyes.

She was sat on the stovetop wrapped around a Mod while his Fred Perry friends stared into their vodkas and orange squash. I remember a hot throat and a cold torso. Not the spot for a New Romantic. Inner chatter took over.

Tearing up in the street I bated the wind, beckoned it over, butted it for seven miles, drove into the rain with my promontory chest, a deposed king wailed his misfortune to the only gods left.

They ordained a fever slow to subside and the next fortnight in bed. I no longer talk to the elements though they often whisper in my head.

GOD'S BLOOD, 1983

Taking the FCO corridors at a clip in a toad-green three-piece of my dad's, four inches shorter than me now I'm 17 with a Manila envelope of Top Secret papers about Stasi infiltration of a Dresden/Coventry town-twinning reception tonight.

Picking at the red lead seal like he's teasing a scab, Lord Nicholas Gordon Lennox – who might be God easing back into his olive-leather 19th-century conference chair – slides in a hand to remove the briefings I stapled five minutes ago, only to prick his finger. God's blood spots the top-left corner of the thicker-than-usual paper.

Tell the damnable fool I only accept clips and if I find out who it is he's going to Somalia, he says, pointing the wounded digit directly at my nose, though he might also be creating Man, in which case forgiveness begs a tinkering.

ON GETTING LAID FOR THE THIRD TIME

My curve has been steep but by now I have a grip on things. I know which slot does what. Persevering down below, I feel the rush of power in her thighs, though I'm clueless as to why. My kissing finds a rhythm in the sheet shifting. I've learnt how arms can get in the way so I wrap them round her and she moans. I remember to remember that. Now on my back replaying the second time, rating new-found skills out of ten, eyeing the face of my present descendant angel, I crash us both to the floor at the thought of next year's number four.

FIVE PEOPLE AND ONE ANIMAL I'VE SAT NEXT TO ON PLANES

The Pearly King of Croydon in full gear, 20kg of buttons on his three-piece threads and matching pearly cap. He disappears at customs in Bombay.

The bloke in business class who drinks so much he pukes all over his shell suit gathers his carry-on from the overhead, returns from the toilet wearing a pristine clone, tags attached. *Rusty Nail please luv.*

The Canadian woman who *knows I am James-Woods-the-famous-actor.* Convinced I am lying – *Lying's your job, James* – she threatens to hit me till the crew step in to mediate for the next six hours.

The Saudi princess who boards at Jeddah covered up to the eyeballs, Burqa, Niqab, in her hands, a pile of censored magazines. Seat-belt sign switched off, she returns from the loo hair down to her waist, heavily made-up in a sequined top and Gloria Vanderbilt jeans.

The farmer on Bangladesh Biman who cooks his lunch in seat 29C on a Calor Gas stove and eats with the crew. Never happier to land in Chittagong.

A goat, on the return leg back to Dhaka.

Straight through a red light, clip a *beedi* seller on the kerb with my wing mirror, pull out way too soon onto Colaba Causeway, horns everywhere, cows everywhere, indicate incorrectly then left instead of right at Mahatma Gandhi fountain, stall on several technicals, examiner not happy. Nod backwards at a bottle of Black Label boxed and wrapped on the rear seat of the Escort, all smiles, told to drive expressly every day so as to improve, pink chitty, copied seven-fold, in my hand, congratulations, sir, you are legal on the roads of India.

LIGATURE, 1989, BOMBAY

I've drunk plenty, alone, late, no pills for the agony with no known cause but now is suddenly enough. I sit on the floor, tie the belt from my towelling gown around my neck, fasten the other end to a radiator, the dying heat at my back, I resolve to slump forward under full influence into the cloudfulness of night. Next morning, I tip my head up, easily unknot myself, rise, shower, dry in the gown, dress and drive to the office carefully to get on with a day I haven't bargained for.

1987: The Japanese Red Army Faction mortar-bombs the British Embassy, Rome, an hour earlier than scheduled, few diplomats are in before 9am. The shell flops into the ornamental pool which makes lame torpedoes of its tightly-packed nuts and bolts. Larking in the face of intended carnage I phone the ambassador, tell him the pool's centrepiece Henry Moore marble monolith has a bloody great hole blown through its belly. His brain goes spaghetti until FCO London telegrams: IT'S ALWAYS HAD A HOLE IN IT, THAT'S WHAT THE ARTIST *DID*. Ambo doesn't find it funny, though we lived.

1991: America invades Kuwait the night the amoebic abscess on my liver explodes. Week before we've been individually named, a letter, the Revolutionary Organisation of Socialist Muslims (Bombay chapter), Daniel Connelly and 36 others will be assassinated, God willing, in the coming days. We're each assigned two cops with Enfield rifles. Mine stand outside the door of the hospital room to which I've been rushed heavily drugged and generally fucked. Stick-legged with bellies bloated by starch, they clean out my wallet first up, demand more money from my half-open ears, tell me if I've nothing they'll disappear, leave me sedated to socialism's lesser-understood face. 28lbs and a few hundred rupees lighter, I come through with two new guards who talk cricket at the end of my bed, the coming days bring nothing more threatening than a Test-match shafting by Azharuddin and co.

VALIUM AFTERNOONS IN BANGLADESH, 1994

A bath-time smoke, Tom Waits, imported Liebfraumilch,
maximum air-con, I pop Thai Valium from last week's trip
for Rest and Relaxation. *Aponake apnar nijer Dhakai Shoo*
Shagotom.

Up-country passport stuff to villages made miraculous by
mud, served the rice they would have eaten for dinner; my
shame to wear the only white skin ever seen.

Outside my compound walls the sun runs riot, goats pass
by, the chatter of the gate guards crouched smoking *beedis*,
taxis claxoning, the call to prayer sparks up in next door's
mosque.

This weight slides with me into the water. Time just goes,
there is not much else to say.

I am walking on Broadway after a literature seminar. The view from 116th Street is nothing special. The wide lanes are dead straight and dip towards the Midtown skyscrapers which dominate a few miles on. From here I can see all the way down to a vanishing. Suddenly my line of sight is trapped in the receding formations of curved geometries. I stop still as my head overloads with Cosimo de Medici and Stoppard's *Jumpers* and the buttery light of rebirth in Ghirlandaio's *Funeral of St Francis* and Weber's theory of pure charisma, millions of jumbled letters buoyed by ideas on a sea of sunshine that is like lemon on my tongue. Age 30 at last it all lines up, comes together in miraculous intersections, I see them and they see back, history holds hands with the humanities and my life enmeshes instantly with the architecture of the known as I stand here outside Columbia, at the end of bricks and windowpanes and rooftops, shop fronts and awnings, people, thousands, walking either side of the street, everyone leading away from my eyes and I can see what is at the very end of this and I can say we are all in it together.

LOOK LEFT, 2001

This morning in the supermarket they are all standing still in the aisles to listen to radio updates on the tannoy. It is soon after the attack and there are lots though none is clear to me as I choose two bagels and proceed to the checkout where I ask the girl with Stars-and-Stripes fingernails what gives, but she won't speak.

Go down to the East River, replies a man behind me, and look left, so I do, and am there with many other people looking left at the exact moment the second jet crashes into the tower.

WHITEY MEETS THE MOOR WITH GIL SCOTT-HERON, JANUARY 2002

Eighteen months into a rudderless PhD the funders are starting to take an interest, wake & bake, lounge, tea, I am faking it in seminars and read *Othello* very slowly, obsessing marginalia, sleep, wank, tea, still no 1603 for me, it's late night, my head is through the window, sniffing out the Scottish rain, Gil Scott-Heron beats out 'Whitey on the Moon', my smoke flickers, the wind whistles salt, *Put out the light, and then put out the light again,* the sideways slew makes timpani of street signs, Gil's bongos pick up pace as the three of us finally ...

A rat done bit my sister Nell with Whitey on the Moon, and so comes the Blackamoor soaring in a hostile Venice, getting Whitey's job done while the white rat that bit Othello overruns the lazy *black ram* through time, down, and stay down, sideways into the ground, watch Whitey lift off to whiten dark frontiers, join the race space, outsiders forever and exactly that, moors everywhere boxed as seen.

It is the very error of the moon; she comes more nearer earth than she was wont and makes men mad. Tonight she's sickly pale over St Andrews, seeping, cold rain spots my face, there's a thick haar coming off the North Sea to make putty of sight. *With all that money I made last year for Whitey on the moon, how come I ain't got no money here? Hmm, Whitey's on the moon.*

I flick a butt into the wind, it trails across the pale-pink moon where Whitey has landed, off our planet, leaving the merest basics back on earth for the Apollo 11 scrubbers who buffed us up to our brightest white for lift-off into an unconquered black hole.

It is the cause, it is the cause, my soul.

THE EXTRAVAGANT STRANGER SUCCUMBS TO THE LIES

Orson Welles's Venice in black and white, cisterns, bars, cages, snoods, entrapment in every cut-and-thrust camera angle, noir Iago, Welles's blackface Moor crumbling from within like an entire system subsumed into a system by an outer system.

I've just read Foucault, the ring of Saturn I never knew existed, girdle power, white will have black; schools, hospitals, asylums will have the lot of us reset to default. The extravagant stranger succumbs to the lies, murders his way to suicide, the outer ring contracts to suffocate his inculpable whore. Venice loses a white daughter. Venice has more.

THE HINGED WINDOW IN THE SLANT ROOF

Now every June I stand in the late afternoons at my kitchen door in St Andrews, Fife, in the light that pours through the ceiling hatch to make Monet of white walls and Tropicalia of cheap linoleum. The hinged window in the slant roof often sees me stand, no matter West Sands, old spires, rain-spotted gargoyles, the market town's slate and thatch, the golf courses and granite cathedral, everywhere lesser windows that invite lesser light than mine, yes, these are the times and that is to this day the only light I have ever walked in as no ghost of myself.

PHOENICIA

Muhammad Ali speaks at my undergrad – I reach through dozens of shoulders to touch his hand – Sir Trevor Macdonald at my PhD. I tell him I've written about Othello, a successful black man. 'And finally,' he says, dispensing with his mortar board and shifting sideways to a biologist named Phoenicia.

December. Once resident, now three months gone, I return to the Royal Burgh to understand why absence overwhelms everything I sense. Weeks ago South Street's lime trees, the take-out signboard nailed to the Jahangir's door, binge drinking in *The Gin House*, the townies and the pensioners who chop the other up for want of pace, where weeks ago they were there to ignore, each sight suddenly demands an inner six-by-four.

At West Sands there are answers, four miles long, a scuffed four-iron wide, stretching today vacant to Tentsmuir Forest, a scraping of moss on the skyline.

As in meditation I advance. The wind brings echoes of chance success on the Old Course; a gull rasps, because. By the tenth step I see branches at head height, shoulders primed for the barge. Shivering hard, reclaiming sight, I strike away from St Andrews forever in fear of lasting contact.

LÖV, 2004

As the delivery van pulls away, I tenderly unbox your
parts and portion off your stain-resistant limbs into a
simple archipelago. An abstraction, ordered on a whim,
your factored contours are unpredictable, anon, a challenge taken on without instruction. How to begin? With a
novice's disregard for fit or feel, emboldened by all manner
of false starts, maddened to be the arch-creator of your
frame, I set about shaping *Löv*.

With these two hands I build you. Heedful of self-doubt my
calloused fingers falter only when your heart will not align;
and even then, blind to other needs, I tease and dowel your
precious joints, smooth away your lines into my face until
complete you stand rock-still, ready to outsize yourself and
gather in my own decaying form. There are no edges, no
splintered desire, only anatomy to house my burden.

TABLE TWENTY-SEVEN

Gangsters in a basement diner we shift our scheming faces
from table twenty-eight to sit side-by-side at a trestle in the
corner, for the dimmer light and panoramic views. Straight
off I start the look-alike game: the old boy by the stairs has
a touch of Peter Ustinov, our waitress shares the features of
a teacher I once knew. But to you they're all pig farmers.

When we spread our broadsheets on the cloth the heft of paper nudges the cutlery around. We order coffee, juice, cho-
rizo pizza, you tack on the *dish du jour,* posh cheddar cheese
on toast. We lord and lady it for ninety minutes, lapping
up the local gossip, making plans to find employment,
smirking when young William pokes a swizzle in his baby
sister's eye. *This meal will be on me,* I say, *for all the hope you
give I'll give you something back for nothing.* The waitress tips
her brow up to the ceiling: *Tell them Table Twenty-Seven.*

The queue at the till edges forward, minor irritations creep
through. In the polite clamour we step simultaneously out
of line; away from the willing-to-pays, we head briskly for
the street in total silence, neither of us in the slightest doubt,
we keep on walking and buzzing for hours. God that felt
good.

PAELLA IN THE SKY

Doth Cervetha. The lisp settles quickly on my tongue, the toilet paper's thinner, fixtures and fittings cleaner, shapelier. We walk into the garden where cooped chickens spoil for it as when the clubs spill out back home. The sky is a canvas in blue, will be for months, not a talking point.

We lunch on mussels, bread and whisky, speak four languages with stuffed mouths and sweat running rivers down our backs, we rub shoulders with lemon trees and Barcelonan hosts who teach us different ways to breathe the air today.

NOVEMBER TWENTY-SEVEN

What you write in your diary tonight you will only ever read twice. So the next time you are hunched one evening alone and you lift the Klimt notebook from the Egyptian trunk to lay it precisely on lush carpeting, skim to November Twenty-Seven.

Will you squint as you read that with wine in your blood you punched me flush in the cheek on an impulse of unrestrained love? Because that's what you told me. Will you still agree with yourself? Will there be some doodling of the fire we built in your wood?

Did my snake eyes make the page?

Did you plain forget we catapulted pigeons before dawn or plain remember the sunflowers, 'weeping spinsters in black lace caps drooping in a closed courtyard'? These were your exact words. You know you'll never breathe that air again.

This is how I imagine you when you come to read about tonight the second time. Turning a slow purple as your memory recedes.

Jerking into the tightening gap between then and now.

THE ZAPATA PALIMPSEST THAT MARKED MY 16-HOUR DAY AT ELY CATHEDRAL AS AN EXTRA IN *ELIZABETH: THE GOLDEN AGE* (UNIVERSAL PICTURES AND WORKING TITLE FILMS, 2007) WHERE FOR £100 AND MEALS FROM A BOX I PLAYED AN AUSTRIAN COURTIER IN THE 1590s

Know first who you are; and then adorn yourself accordingly.
Epictetus

First, I learn the vocabulary of hair: tong, crimp, wave, plate, ringlet, Zirbel paste. My own moustache is bladed clean away, the execution blocked to perfection, to smooth the surface for the glue. My top lip has not seen light like this since 2002 though my beard remains unscathed, a requirement of central casting.

The mirrored imposture adds a touch of class, a thousand borrowed hairs back-combed into one of Salzburg's finest handlebars, nine inches of undulation, tip-waxed with pure Alpine manliness in a mere ninety minutes; an obvious improvement come what may.

(Moustaches can be trained to flatter, curling upwards at either end, like when my grandmother let fall a Fortune-Telling Fish into my softer palm, *zhooshing up* the make-up team call it when you get the full Zapata.)

ℵ ℵ ℵ

'Cucullus non facit monachum': honest in nothing but in his clothes ...

Measure for Measure, 5.1

Heliotrope stockings, corset, collared shirt with frills, thread-covered toggles and eyelets, Venetian-hosed and doublet trimmed with golden braid, silk-bowed silver garters, a flowing purple cape in fine brocade – Tyrian, as per the label – carcanets encrusted with bilaments and cabochon gems drape round my shoulders in a display of sarto-power. Pinioned by two priceless brooches and a miniature bird-cage pomander, I am bottomed out by a pair of delicate leather shoes with virgin leather soles, size 12. Still only 9am. Not likely on for hours.

ℶ ℶ ℶ

Though this be madness, yet there is method / in't.

Hamlet, 2.2

Travelling one month late out of Vienna, arch-ducal priorities seriously skewed, I am swept through Netherlandish mud by a one-legged coachman with a stop-start stammer, my moustache shored up nightly under a snood. Thence to board a battened ship, Antwerp to Dover, attended by a crew of Habsburg's finest, the passage sees me curl and crimp, twist and preen, I'm forty-one and off to meet the English queen.

ℶ ℶ ℶ

44

Four o'clock in the afternoon
and I didn't feel like very much.
I said to myself, 'Where are you golden boy,
where is your famous golden touch?'
                    Leonard Cohen, 'Dress Rehearsal Rag'

Final tweak under the lights, Hasidic curls now dangle below my ears. After the sorry excuse for a practice orrery,
a human planetarium during which English lords pull on
a cardboard planet and jig solar-empowered across the
chapel's marble floor, a hush falls, cameras hone, lights
train, assistant directors with clipboards and headphones
withdraw in the name of action, we extras vying to rhu-
barb with enough skill for two seconds of screen time.

Out she glides crowned, like a drifting of sunlit wheat, the
throne she sits on banged up somewhere in Ely. She is worn
by a thrilling canary-yellow dress, actually it's more an
empire of dazzling gown, *Urbis et Orbis*, Ely and Elizabeth,
convoke in a fake late-Renaissance improvised device of
velvets and silks.

Her Majesty's arms stretch to reach the massive arms of the
seat of her majesty, the dainty Cate Blanchett spotlit and
alone on the great chapel stage faces us down with such
immaculate make-shift poise her stillness becomes a decree.
The tension rises deep inside my Zapata as Cate casts her
eyes over me in what I can only describe as pity because the
queen knows every extra's dream is a golden age of their
own.

DOLL (FOR STU), 2007

If Mattel ask me to design a doll that best remembers you, I will pore long and hard over blueprints to appear blurry-eyed at dawn and announce that he will have a different personality for every day of the week and will come with tiny blemishes like his knuckles being pre-worn-down from smashing other dolls in the face and he will be able to screw up his own face into a tight knot, eyes no more than slits, when laughing in his highly infectious way which will be activated by a cord coming out of his chest, removable miniature leg tattoos of crosses and squirly dragons and names and dates in Gothic font (with spares), hugging arms, a vast invisible heart and accessories like a tiny mobile phone with one number in it, mine, that he will ring often even if I don't want him to.

THE FAMOUS AEROSMITH WIG

After dinner one evening you make up my face with the last of your duty-free mascara, blusher and New York Cherry lip gloss. You stick a silver star on each of my cheeks by way of commending me to you. Crouched on the bed we talk like sisters in the movies, our fingers massaging our toes.

You return from the bathroom holding the famous Aerosmith wig; crown me with it, King of the Sublime. Ceremony over, you comb out the bits of biscuit, tweak at the bangs and slow down time. Inching around we unburden ourselves, of our anxieties and illnesses.

Holding hands to thank the other for being here, now, together, naked but for my thatched and painted face, we make love, two bodies, three voices, our fists clutching at the white sheets, only a thousand or so whispers between us.

CARDS

It's your turn to wash up but I fill the sink anyway. You remain on the other side of the servery, spreading your coloured pencils over the breakfast table. *Shall we make Easter cards for each other?* you ask, eyeing the sharpener. *That rather depends on which one of me we'll see today,* I reply, carefully placing a cracked glass into the bowl.

FOR MY SON AT THE TIME OF HIS BIRTH

Uncurl yourself tiny cob, scatter peace through the bloom,
stitch hearts together with love.

LET'S GO TO BERNINI FOR THIS ONE

Imagine having the power to release Daphne's legs, to see those frozen twines green for the second time, loosening. Imagine prising Daphne apart from the laurel, stripping the vines, the deep marks in her calves slowly dissipating in the way of all flesh. Set her free but keep the failed Apollo in place, gripping a pile of dead branches, telling true tales of old like they're happening now but not for long.

BIFORA*

Dark sheets hang over the street like shit-clouds. / The rain-soaked cobblestones are lethal. / Muscular angst cascades from a widow alone on a top floor. / The reek of a dozen sauces breaks on every corner. / Burnt-out cars choke up the side roads. / Someone is butchering Caruso.

Drying sheets dance above the street like young angels. / Slick cobbles bring the Renaissance back to life. / A large-busted signora joyfully flings open high windows. / The woody aroma of coffee beans lingers at every turn. / Vintage Fiats line the winding kerbs in a colourful pageant. / Caruso is carried on the breeze.

* *9th-century Sicilian arched double window in the Romanesque style that paired a need for light with a need for defence.*

THE DYING DAYS OF EXCESS

They stand mottled with their backs to the tide, fleshy, russet-skinned old men a month under the sun with energy still for dirty thoughts about passing girls who walk alone the length of the beach from the castle to the town. Their wives, flattened into the sand, hair dyed special, harp on the rocks on their fingers as if they are at this moment dying, leaving behind once and for all the years of blinding light and the condo with a clear view of the ocean.

COLD HEAVEN, 2010
for my son

You always sleep on my right side so my left hand is free to repel night-hogs and wicker-biters, bad-dads – all manner of fantastic visions on loan from that day's wooden blocks and car chases. But tonight, you lie with your ear directly over my heart like a good angel expelled from cold heaven.

NOT NOW, CATO! THE IDES OF MARCH, LARGO ARGENTINA, ROME

Ides of March, round the corner this afternoon, just found out about it today, a Roman historical society recreation of Caesar's murder 2,054 years ago, too good an opportunity. I take my Shakespeare class to the 5 o'clock show of the annual mock assassination above what was Teatro Pompei at Largo Argentina, about a mile south-east of the Foro Romano. A student asks whether this would be Shakespeare's version of *Julius Caesar* and I say no, for then we would all have to go to The Forum, queue forever with other horrible people since faculty can't breeze through with students any more, pay €15 to get in and once we are in there are no signposts for the Senate House or anywhere so nobody would know where to go and we might just get upset, even outraged. Instead, we are going to the actual location of Caesar's assassination which is much more accessible and known throughout the city as a top-quality cat sanctuary where hundreds of them from four legs to none do fuck-all all day among the ruins.

Crossing Ponte Garibaldi we have a quick chat about Brutus and Shakespeare's development of inner psychology, about the advent in his work of a character's deliberation on and evaluation of a future trauma. Brutus is a prototype of Hamlet, Shakespeare's next to die before his time. That and the fact that if you are going to knock off Julius Caesar, king of the unfree pre-Christian world, you'd better have a plan for what to do after (which seems to appeal to a couple of Politics majors taking their Literature requirement).

We move into a feisty crowd staring at a bunch of old boys dressed up as senators, they've done this for years, all the gear on, thanks to a local theatre wardrobe department relative, smatterings of skin-toned powder, quick check of the sandals, quick cigarette before the show begins in which they'll re-enact that fatal morning for the god of absolutely fucking everything in 44 BC. Led by praetors and mean-looking centurions with Shakira tattoos and watches, the holy toga'd sweep in and out of a theatrical square, 30' by 30', lined by crowds ten deep on the west side of the ruins, bang in front of the Tablecloth, Bed Sheet and Curtain Emporium whose walls shimmer with she-wolf flags.

The merry bunch of friends put on a thirty-minute show with a narrator reading from Suetonius and Plutarch and Shakespeare-as-performed for Caesar's murder, Brutus-with-man-bun before the people (I have no problem referring to this as an epic fail), and Mark Anthony kicking Brutus' suddenly absent ass all over town, none of which I could manage to photograph without blindly raising my phone-cum-camera above my head which I am not prepared to do in the service of culture.

Notwithstanding the several papier-mâché columns held still by chunky men dressed as gladiators, many phones-cum-cameras are however raised high above our heads to record something to show the folks after dinner. There are TV cameras there too so we could just, like, watch the real thing and catch up later on YouTube, but let's not stray into the viewing habits of generation whatever we are.

Determined that this should not be a male-dominated event 2,054 years on, lots of Roman ladies come as Calpurnia and Portia – tresses and dresses, expensive neckwear, the full *bella figura,* the real powers behind the throne – to join in the general post-stabbing clamour. While their attendance remains historically undocumented they do bring a certain sense of horror and revolt at the brutal murder of their husband and leader in a manner seemingly unavailable to their male counterparts, the ageing-rocker-in-toga senators whose minds are likely drifting to the beach, it being March and a prophetic day.

Between scenes I have a chat with Catone – Cato – about what he is doing there having died two years prior, in 46 BC. He replies that Cato's presence bolsters the integrity of the event given the immense respect held for him by the Roman senators of the period. He'd been asked three years ago by his friend Giuseppe who was repaying a favour and who happens to be Brutus-with-man-bun and therefore has some sway. And yes, he knows he is technically dead.

The assassination of Caesar comes as a big disappointment, four rows back as I am, on tiptoe, hoping for a least a fountain of spouty gore to make dragging the class along worthwhile; surely they'll bust out the blood bags if they've gone to all this effort. *Nihil. Niente. Et tu, Brute* passes stainlessly but then the plastic daggers unsheathed *en masse* are a joke and are available in the younger person's section of Tiger for €3 each.

In terms of quality, from evil yet tremulous senators gathering early doors to Mark Anthony on the podium, the old fellas put on a good show with lots of big gestures, furtive glances and all-round anticipation of one another's lines. In terms of Shakespeare's enduring reach in his 394th death anniversary and given that he scripted half of what we saw, the students were introduced to Shakespeare appropriated into local taste, rather like MacDonald's selling wonton burgers in China.

I explain that there is very little street theatre in Rome beyond people dressed as the Statue of Liberty who don't move much. Here, instead, is a random outdoor audience of 1,000 or so forming a square perimeter ten rows deep with plenty of standard Roman bustle, TV cameras and people looking knowledgeable, cigarette smoke-bombs everywhere, folk shoving through to get a better view or at least to not have to stand behind me which is fair enough. If only the Ancient Romans had invented WhatsApp we'd never know how things might have turned out for us this far down the line.

It is, all in, peculiarly local even 2,054 years on and happens, for my class, entirely out of the blue. I was thinking of hitting them with 1.1 of *Hamlet* which takes place on a freezing night in the Danish pitch black with soldiers who are edgy to say the least. Instead, we get warm afternoon sunshine, gold Roman light and a bunch of *bon vivants*, friends for years, some come with their wives to Caesar's death-place dressed as soldierly extras with cracking lion-head gear and polished chest plates, bossing the piazza but at least not charging €50 for photographs, while others who smell of coffee and cigarettes slip on the sashes and sandals for their yearly promotions, The Ides, March 15, petitions in hand, smiles on their treacherous faces, Tiger daggers tucked away inside well-folded robes.

THE FLIP SIDE TO EVERYTHING

As night slips over the table like a Ninja we sling down the
wontons and the ginger chicken on beanbags of rice, then
push back, legs crossing into our latest social networking
successes, hundreds of friends we'll never meet. Inhibition,
the first casualty of the web but not at this table.

We should tweet this moment as we struggle not to be negative or not to shuffle around on the chairs whose legs are
coming loose or not to forget there's the flip side to everything. Laughter was once a precious gift which we shared in
eternal gratitude and just for a moment you look like your
father the time he cracked his tooth on a wasabi pea. Time
to snap the chopsticks. Time to go back to the cutlery.

A WALK IN THE PARK, 2012

It is darkening over after a cloudless afternoon, we are walking in the park past Scipione Borghese's gallery of wonders, the boy is in his smart new coat chasing terriers, stopping for sticks, leaves and no one.

You and I are lost and weighing where to go, my jaw clenches statuesque, sweat runs down my lower back as you dart suddenly to our son who is about to eat dog shit.

Turning into the copse at dusk we come to the funerary monuments or bath tubs, I get confused, and the marble slabs from Roman times that stack up into columns. I can see you filling with despair like a cloud fills with rain. Your red hair is beautiful in this dying light.

We have been in silence for twenty minutes, my hands are knotted as one, I cannot tell you I have stopped caring and don't know if I can care for you again. But I can beg you not to leave, not to take him away from me.

Just as I'm about to blurt I think I'll lose my mind if you pack and go, the boy dives to the dry-mud ground, arms and legs outstretched – the parachute regiment.

By the children's playhouse you suddenly remove your gloves and say first my name and then that things must change, that it is time I cared for you more and more often.

As I swallow him into my chest at the foot of the slide I tell him Daddy loves him and he sees a helicopter. We three are looking in different directions in silence at something unknown now only breeze between us.

OSSUARY AT SANTA MARIA DELLA CONCEZIONE DEI CAPPUCCINI

Noi eravamo quello che voi siete, e quello che noi siamo voi sarete.

This morning we enjoy riveting ossified afterlife on the ceiling of the middle cell, thirty femurs and a host of cervical vertebrae gather into a wondrous chandelier. Ribs make impressive shooting stars. But two-dozen-coccyges-make-one-ethereal-wheatsheaf later, I get the joke, you trailblazing organic Franciscans with one crafty eye on what's to come, stepping up to a little luxury, recycling your penitent kith into ornate lampshades and celestially mosaiced flower motifs. Eternity was in your hands, Brothers, and it must be said a dozen or so skulls do make for cracking arches.

GONGYO

The bronze-alloy bell buoys aslant on its five-fingered lotus-pad pillow, the bone striker stricken with dust, there's no sorrowful pitch, no sonic decay. Gongyo's long gone though not forgotten.

LORENZO THE MAGNIFICENT LEGO EXPERIENCE SHOP, FLORENCE

A knee-high verdigris multi-levelled Michelangelo David wedges open the door. Inside, an empire. Between the shelves of self-assembly Ponte Vecchio kits and the huge selection of bases for pallazzi and burial chapels, there are thousands of Lego figures of dukes and counts and princes and their bed-tied pregnant women and silent mothers, some holding tiny letters in recognisable font of God-sent love for the arts and sciences. On top of the cash register, an unshaved villain dangles grimacing with the usual limbs from a strappado. I ask why the brown plastic pyres for mini yellow-faced heretics are in the '50% Off!' bucket but everyone seems too busy to answer. Uninspired, I climb over a young woman reconstructing a 15th-century Florentine execution who asks me to unwedge the door as I leave.

CIAMPINO

Lost in airport limbo on linked-up plastic seats waiting,
everybody waiting, getting *het* in the temporary termi-
nal, waiting on the announcement, staring at the boards.
We've all got something waiting in us, we who hate doing
nothing, waiting to fly off to do not much else. Someone's
bound to flick someone else the wrong look, who you calling a cunt you cunt? And it will happen soon enough. Fuck
this Low-Cost Sabbath of Misrule. Fuck this for someone's
idea of fun. Stick a fucking knife in me, waiters. I'm done.

IMMACULATE

It is a December morning in Rome for which the word Immaculate exists. The sky is baby blue and spotless. In my long-sleeved shirt I could be a general returned from the Gallic Wars, pine trees arching my entry to the Villa Borghese, weeds waving scrolls in the breeze, ancient statues of gods and great men lining up to shake my hand, the gravel path cracking beneath my feet as I parade from one side of the park to the other. This is how to live, like the sun, triumphal, whatever.

SOMETHING IN THE AIR

From my Moroccan neighbour who bemoans her dippy maid at lunchtime: She thinks about her boyfriend in Agadir so much she slices the avocados the wrong way. Over dessert she recalls previous lunch guests who came round, we ate beef, we enjoyed one another. When I stop earlier to buy her flowers, John, the Coptic flower seller – I'm never sure if he's stoned or has had a stroke – says Italians think they're free but they are *schiavi,* how is it, slaves, to sex and drugs, cars, clothing and small dogs. I am left to wonder whether there isn't something in the air in specific Roman neighbourhoods at certain pockets of time.

BATH-TIME'S OVER

His chubby wrists, pot belly, toy-rugby thighs stick to my
chest like he's not yet born. The skin ripples on his hand,
dough-calves pulse as I wrap him whole in a scarlet towel.
His left eye is held closed by water droplets, his forecurl
presents a perfect question mark.

One day he might subject his father to the same scrutiny
as I gasp at a roadside or keel over at a party to laughter or
am brought down from the gallows in a forest somewhere.

BAG LADY

Bolt upright in a cherished single seat, *My Lady of the Eternal Grimace* surveys the sardined passengers while speaking into the phone. Three shiny couture carrier bags sit on her lap like purebred puppies. An earthquake is happening to her face, regular breathing fails her as the stuffed bus shudders across Piazza Cinquecento.

Turns out I've got to take it easy, he gives me pills to slow me down, I should stay home more. I say Doctor, it's my legs, they won't stop, they make demands, you understand, like I can't control them. Like they belong to someone younger than me.

All the way down Via Cavour there persists in the lives of we sweat-huddled this unwanted period of intense discursion during which it eventually strikes me that there is nobody on the other end of her line.

You meet people, don't you, Father, people who have no faith in the fine mysteries of life. You want to help them, explain to them that it takes a long time to find comfort in all things, so you cajole them into sharing your joy at a certain sunrise or a cloud formation that might also be an army of angels. You know the ones I'm talking about.

As the bus grinds round the Colosseum I shuffle up next to Bag Lady. Her phone is fast asleep. I glance down at the bags on her lap. They are empty. She pins me with her eyes.

Whereas what you'd really like to do is to provoke their ignorance, breathe fire into their hidden fears, humiliate them in the eyes of their Creator and have them beg until the end of time for stale crumbs of mercy. You know the ones, Father, I know you do.

SANTA CROCE

I am in the 14th-century Basilica of Santa Croce in Florence with Cimabue's *Crucifixion* directly over my skull like a lightning strike. I chose to enter for prayer therefore saving €6 though I was followed by the keen eyes of the attendant. I sat down in the appointed side chapel but before long I wanted to get into *that* transept because anywhere they bury Michelangelo, Galileo and Machiavelli is going to be a big hit with visitors from all manner of secular or sacred backgrounds happy to spend their hard-earned leisure money in this way.

Because more than anything I wanted to be directly beneath Cimabue's *Crucifixion*, I rose and mock-crossed myself, *spectacles, testicles, wallet and watch,* and skipped backwards over the broken link partition that reminded me of Saint Peter's Chains in that elsewhere church. However, the attendant, who appeared out of nowhere, refused to accept my argument and is telling me that if my prayers are over I must now leave. As if my prayers are ever over, I reply, my eyes drawn to the serrated light above.

PANTHEON

Notwithstanding sciatica, I have staggered to my second job as a tour guide so as to spread love across the firmament, some of which we can see if we look up through the hole in the roof or *o c u l u s* as we *Pantheonistas* call it. Questions? No, I'm only part-time. Better question? Yes, there's a very clever drainage system, here, see, so when rain pours through the *o c u l u s* it runs into those rivulets there, specifically designed by the Romans 2,000 years ago, we still don't know how they did it, they definitely had one over on us when it comes to putting a massive hole in your roof. Moreover, there are a couple of dead kings immured – I can, it comes from *m u r o* as in buried-in-the-wall – while the artist Raphael is entombed over there though personally I'm more drawn to his cartoons. Ha! Questions? Good.

Shall we move on to the glorious Trevi Fountain, a lovely stroll with pinched nerves through tight twisting paths that ribbon the heart of Rome? You don't see that from the back seat of a Merc. And here she is, steeped in Baroque decadence and laden with coins that idiots like you throw in believing you'll come back to Rome someday. If I could do it all again I would build old-school fountains in busy city centres and invest in them a riddle or a mystery moment in time, the answer to which would be THREE SINGLE EURO COINS and I'd kick back in my beach palace to live out my days. But for now, that'll be €20 each, cheers.

SUDO MED

Men are like coffee beans in a grinder...
The big coffee-bean takes the place of the small one,
And they all cram by the hole
Where the blade crushes them into powder.
　　　　　　　Giacchino Belli, 'The Philosophizing Barman'

whereas I see us more as olives, pressed upon, dozens of us
wrangling out our proximities in the barrel of the 64 bus
to the Holy See, a beard scraping my left ear, a damp pit
hovering over the nape of my neck, someone smells of
wet dog. The Mediterranean sudoriferousness rises up my
nostrils and we rumble past another crumbling church. I
need to piss, I really need to piss.

Two *vecchioni* spark to life across the bows. Alberto on the
right has a single grey hair in the centre of his forehead.
There's some grand music on the roads this morning, Giancarlo!
— It's all shit, these cocks, they're all cocks!

The *nonna* up against me chews her nails as a circle of
silver puppies jangles on her wrist, a security guard snores
symphonically into the window while a money spider spins
back and forth from his shoulder to his left temple. I'm not
going to get through this. I grab at the rubber strap above
as we lurch and strike pothole upon pothole.

Roma lost, Lazio won, Lazio lost, Roma won, nobody drew,
they drew? what good's a draw? there are no buses these days,
miserable pigs, you mind your own dick, who gives a fuck? he
can't even be fucked to wank, his dick's this big, God is a filthy
pig, this big, you hear me?

75

A tap-tapping at my knee.

I look down through a crook of lively elbows at a pair of 12-gauge *Blue Velvet* eyes and a misshapen mouth smeared scarlet with lipstick.

Ageless, she speaks as if she's swallowed helium: *There's a saying in Italy: there are those who wait by the doors, no matter the length of the journey, and there are those like us who move straight towards the belly of the bus.*

I want to shout something sharp and memorable but I'm stopped dead by a hot stain that is blotting fast over my trousers. It has come to this.

MARDI GRAS, 2014

Father and son on the set of a Marvel movie, dad hand-in-hand with the child star who locals come into the piazza to greet as from nowhere and with nothing but joy on their Ferrari-red faces. Hundreds of fingertips rake through his curls. *Ciao, Floriano, quanto sei carino, che sorriso c'hai!* then cuddles and pick-ups, word plays and high fives.

Here is the Roman soul I thought asleep, pouring into the endless *Mardi Gras* of a four-year-old mind, hearts beating away austerity for a simple ten minutes to embrace my child's-eye view of Iron Man bashing the thieving pirates, Spidey lashing baddies to Bernini's fountain and Thor hammering a few heads together. The body count is spectacular and kisses cure every stumble on the cobblestones. Like a surprise tax rebate suddenly there is something not to cry about. Joy springs from an invisibly caped kid inhabiting a world not far from ours where good people win and villains go to prison.

THAT AND TIME

One of these makes sixty of those make sixty of these, see, seconds, I say, showing you the stopwatch I used as you hared round the perimeter of the playground. What day is it? you ask. How many sleeps? then try to figure out how long one sleep is. The thing you can never unlearn is taking you surely into its grasp, you're six, it breaks my heart to see you ruled for the rest of your life by time.

Recently the past loomed over you like an eclipse, *in the old days* once meant anything before you were born, but now it's falling into line, we live among temples and mighty churches, there is metamorphosis to teach you in the museum of our streets, everything is change. There were dinosaurs. There is no going back.

Your future is a field of brightly coloured invitations swaying in a Lego breeze. When, Daddy? In the summer. So you look around for summer though you've started to talk in days, you know their names, you know the weekend means you're nowhere near a school.

The Romans used to live in little brick houses, look, down in the ruins where the cats are asleep. Why did they live underground? you ask.

They didn't, it's just that the ground has changed. What's made the ground change from the old days, Dad? The earth we're on never stops breathing, son, it's a chest rising and falling like yours is now. You put your fingers inside your shirt. That and time, I say, and walk us away for ice cream which by your eyes you know is coming and exactly when.

PRESEPE AT SAN NICOLA IN CARCERE

The Nativity scene is under a rich four-posted canopy. Fairy lights flash on the hills around Bethlehem, miniature wax Nazarenes plough at night pulled by half-melted cows. A tinfoil waterfall cascades on a hand-mirror that doubles as a lake, oxen are scattered. Joseph towers over the shoebox crib, many fishermen stare out to sea. Fairy lights flash on the hills around Bethlehem.

WE SIX, 2015

I have the following image inside my head: it's me against the five of us who remain. We're talking about something I didn't manage to do. We're planning to take me some place I'd never go alone.

DENTRO
for Pinter

Whereas my anger is residual.

You hide it well.

Takes strength.

Strength to harbour it, strength to hide it.

Horrible scenes play out in my mind.

I can only imagine.

I once owned a flat in Bethnal Green, little one-bedroom in a flimsy development. I was away in Bangladesh but didn't want to miss out on the boom, got a loan, bought it, rented it out through an agent, bloke moves in after they meet, doesn't pay a penny for the first six months. South Asian telephony hampers news but eventually the agent crackles down the line that he is mystified.

Twenty-three years ago, I spoke to someone from the middle of a night in Karachi. There were hundreds of tiny distant voices gathered on the one line, like that's where we go when we die.

He cannot enter the property without the tenant's permission or a court order, lawyers and time, so I might as well cut my losses and break in illegally when I'm back for my 'Conflict Resolution' course next week. The line goes dead.

I cannot imagine.

Still jet-weary and a tad hungover I pitch up in London E2 with the agent and his locksmith mate who breaks us in, none too decorously, for £120, but at this point I don't give a toss if someone calls the police, in fact, given my new-found negotiating skills, I'd welcome them. So in I go.

Was he there?

We knocked several times.

So?

So he wasn't there so.

You change the locks?

For £250 yes, discounted because the agent and the locksmith had been the best of friends since school, which I find heartening.

At least you got your flat back.

Not exactly. Here's what hurts. Whoever had stayed had done so temporarily, there were no clothes, had, returned, only to …

… take your time, it'll all be fine …

… only to sleep and grind take-out-fried-chicken bones into the carpets – not drop them but grind them with a foot …

…or drop them then grind them with a foot.

84

When the door gave way to the locksmith's shoulder, I had to stretch over a couple of curries upended onto the hallway floor, maggots, broken crockery, the bedroom, studio lounge, buzzed with flies, it's small in there, there was a dark piss stain beneath the radiator, which had been left switched on, and a pair of off-white underpants in the bay window with a turd in them solidifying egregiously.

I am trying to imagine the smell.

Effluent, bilious, a retching, water in the mouth, raw sewage in a Bombay breeze, faeces smeared in the shower, blood-tipped hooks ripped from the bathroom wall, ejaculate in the soap dish.

(Silence)

Inhuman.

Does this drive your residual anger?

This and other unfortunate examples, the precise details of which haunt me like the ghost of my father for twenty years after he died.

Did the agent or the locksmith offer any help?

They churned and reeled and shut what was left of the door behind me from outside. I returned broken.

It's written over your face and all you're doing is telling it from way back.

The agent said he reckoned the bloke had four or five places like mine on the go – his bank details checked out, he wore a suit, seemed a decent sort – he kept moving through a variety of addresses; he'd heard of it elsewhere.

It shakes your faith in who we're becoming, the lies, the gullibility of so-called professionals, a turd in a pair of pants, not to mention, but I will, the plain lack of respect. It shakes it.

For some reason, all these years on, the anger, it's stuck to me like dirt. The only good thing was the locksmith said he knew an industrial cleaner who'd have the place spick and span for a grand and that I could buy a new set of cutlery for a fiver at Argos, in fact he had one in the van.

How did that pan out?

I took immediate advantage of both.

PPF

I see myself years hence explaining to a classroom of teens on their phones how I came through this burden, how I followed the trusted narrative to its life-affirming conclusion.

The present is eerily tranquil however. Just now there was a hill station with a washing machine and shower, roast pigeon for breakfast in a shady grove at 3,000 feet, the final stretch by elephant, never safer, never so sure of what was beneath.

Keeps turning out the past isn't, nor the future. Multiple bequeathments litter the lifelong highway which lolls like a dying monster's tongue around the impossibility of being now. In this murder of ellipses I can at least breathe.

A LETTER TO MY SON, RE. BLACK DOG

A Golden Delicious can be cleaved in two with the right twist of the hands as can Dad's head; the urge not to speak is strong but it's okay, I live alone.

That's how you might hear him named, a colour, an animal; may he never be known by you. He's the vortex in the plughole I once stared at with wonder, and my cupboard emptied of toys, years of acquisition; a master magician. Some animals contain nothing more than shadows of themselves which cannot in any case be seen without the presence of light.

When you jump from a breakwater into sumptuous sand, allow for some confusion among the milliard grains that swallow your calves, they'll never be the same again either, or the next time. Trust in perpetual revolution but never let the dusk in your head turn night. Make fair-weather Mao your beacon of light.

Whenever I'm a tree and black dog comes to climb me, I'm a sycamore with leaves low enough to sense from distance, welcoming branches, diasporic roots and a trunk set firmly gnarled with age to observe, day after day, black dog lick his lips and howl his way most surely to the top where the only view is the one inside and it's never, not once, looked all that great from here.

P.S.
Should black dog ever bark your name, say one autumn dawn when you're alone, tickle his jaw, tip him a treat, tell him your father survived his games and force him supine into the dust at your feet.

THE PAST IS NEVER DEAD. IT'S NOT EVEN PAST.

Late July, 1976, a clump of grass rubbed into a concrete lamp post, three lines squeezed out with sap to stump height, a shard of wood for a bat, next door's old tennis ball, a packet of Tic Tacs, Escorts parked round the cul-de-sac, chip it over the top for runs but whack one without bouncing, that's my lot, time to be Allan Knott, the keeper, or the bowler, Holding. The batsman's Willy, deputy in choir, cricket mad, the Windies are in town, we play under Test conditions till the street floodlighting comes on and it's dinner time.

That devotion. That energy. That joy. To go to sleep to wake up tomorrow morning for another day's play because the Windies are in town and the boys aren't back at school for a month or more. That's what I call pining for.

THE HATEFUL 8

A black Fiat swerves for, misses, Billy the Nigerian who got sent back from Germany to squeegee windows; an old man in a speeding van shouts *Fuck off, Nigger!* and tailgates a police car through the red light. On the shelter at the number 8 tram stop the words *Bangla Monkey, Muslim Pig, Arab Shit* in a child's scrawl, the tram arrives, I sit, hate slides away until the next shelter.

This trip to university is charged with more colour than I can ever remember in Rome; though still the tram is chiefly white – whatever colour that is, whatever category like no other – white with chiefs, up to and including dark, their faces raised loud in conversation, bodies yielding no space for Moroccans, Chinese, Ecuadorians, Ghanaians who look down at their squeezed feet, their stop coming.

Two female inspectors alight, both white, both salon tangerine, target a heavily pregnant Bangladeshi who turns out to be ticketless, as are we all. She is ID'd and hustled onto the platform. The 8 tram slides away.

The tawny-browed guard at my campus shows me a phone photo of half a blood orange said on Facebook to have been injected with HIV and flooding from Africa into local markets. *Pricks want to cut all our fucking heads off, what a shit time to be a white man in Italy,* he grimaces, running a flattened palm down his holster before waving me clean inside.

You do not hear me, though I address you,
Yet I want to speak, for I am against you.
                    Czesław Miłosz, 'You Whose Name'

I pay for the artichokes and shallow-fried cod, my class is prepared: '*King Lear* and the Negation of Virtue'; this may not be the safest option.

It is drizzling as I hobble across the Jewish ghetto, an old-school cricket cap tight over my fast-greying hair. Across the piazza a tourist stubs a cigar into the wall of the Jewish school, flicks it away. I follow the arc of the butt which settles stained as autumn on a cluster of brass plates implanted in the cobbles like replacement teeth.

The Stumbling Stones. Three of them.

Inscribed on each is a date of birth, a name and the date and the manner of death in Auschwitz, no space for what can't be counted, paragons of cold fact, my body is jarred, *I Deportati*. In twenty minutes I'm teaching a Stumbling Stone in five acts, a mad monarch beset to despair by his viperous daughters. I can't figure how this all connects but I feel it is significant.

A family of four ambles towards me sounding English, northern, I've no idea what is said, the father wears his T-shirt inside out and mimes for me an odd sequence with his thumbs. In Italian signs, I feign ignorance when we might have spoken a few words, he was only asking for a lighter. I wish I had a lighter instead of students who line up afterwards to ask what it means. I have nothing for them. The Russian girl will eye me with hopeful ambiguity. I'll pack up and head home because now that you have left and taken the boy there is no need for me to stay out late.

This Jew and his two daughters were dragged here with an hour of darkness left on 16 October 1943 to gather with a thousand like them in the dawn of their departure. *Brutale*.

I see that I am wearing odd shoes, a brown brogue and a green trainer.

The spent cigar rolls in the breeze, a cob of ash scatters on the stones releasing a final flickering ember that is now gone. I am obsessed with this sliver of ice in my heart. I need to urinate; the old routine, nearest bar, lean into the barista, lock eyes, whisper gravely that I have a colostomy bag, gesture downwards at something about to go wrong. I am always waved through with pathos which I enjoy.

But before I disappear you should know that the maw of the never forgotten sits here, reader, in these Roman ghetto stones and here, on this sightless English moor, and in here, I know for sure, where these vital organs strain to keep my broken body upright.

TO ALL THE MOTHERS WHO WEREN'T

Hardest I've ever been slapped? I was 22 and confronting the shame of you abandoning my dying father for another man. Like me, it came out of nowhere, Mother, open-palmed, the snap revenge of the only daughter. It connected with my left cheekbone; scalding water. I staggered to re-frame myself, told you to do it again, your face in more pain than mine, a picture of 1950s horror, the next victim to die. Something too human stalked your eyes. This in Father's dusty two-bed hovel you'd recently fled for the dry-cleaning man who'd been married five times in a basement sublet and was well and truly handy with a shovel. Two years later Dad went like his lungs, burned out of your everyday regrets, brought face-to-face in nightly dreams.

I have them too. Invisible in time and space. Assassinations of the unreachable heart.

DEGRADO

A leprechaun is skateboarding a rainbow or I am writing to you again. They mean the same. In our heads humans are selfish creatures at heart.

What I am doing this moment is a selfish act interrupted by you waking up for water. I hate myself for feeling like you're losing me lines. I will always pull the duvet over you no matter how often you kick it away. We are this way.

It took forty-four years for me to know that love exists, I'd hate to lose it for reasons within my control. You told me our game with soft toys was the best thing ever, which is another excuse to ease off the Xanax. I want us to eat straw-berries with sprinkles again one day so I won't be killing myself tonight.

Van Gogh cut his ear off and I know why. Vincent felt the shame of being inconsequential. Off because no one was listening. I dismiss his weakness and Google hunting shops. Write to me, write to me, write to me, write to me, write a one-liner, that'll do, that says it all, gone from the queue.

The fragility of a mind that can concentrate for hours on configurations of words, but cannot concentrate beyond those hours. Down time means exactly that, when the woodsmen do their gathering in the snow, down time means the eye turns in, to a Chapman Brothers apocalypse. No, I do not want to think of death when you have fallen back to sleep again and I return to the chair having watered you, laid you down, kissed you on the temple, covered you,

while desperately repeating shit lines I'm terrified to forget.
Selfish fucker, I. When they write of ego, they mean it.

In death, my hair is ruled back with a loving brush, lines are lifted to lightness in repose, floating the road to my next-and-final stop, set fair with a dandy clip and sprig in my lapel, a ghostly offshoot dropping in to catch the feel of things; busier than I thought. Thanks, kid, for changing me into Ozwald Boateng's 1999 deep-purple-moleskine two-piece, now take the coins away, let me assist with a waft, watch my eyelids spring asunder, their focus intent on the beamed ceiling, no trace of movement in the mouth – was that thunder? – repeat the coins, the other kids will love it.

Btw if this is someone's idea of final rest, think again. Dad's soul went south, long overdue an eternity of forced creative labour under distant careful watch. Is that an erection in my trousers? Is that why half Rome's turned up to say farewell? I must say it looks fine.

Of vital importance, the dead remains. Taxiderm me, sand from Leigh-on-Sea, stood in perpetuity in Piazza Navona, shrouded in Boateng and wraparound knock-off Versaces, tourists will swear I never-as-much-as-twitched and leave straight-to-trust-fund coins which will find their way to you, there, top end of the coffin, liking very much my barefoot chic, scrubbing another tear away with your sleeve. I try to touch your face but I am no longer made of anything. I have only come because you believe in me still, like I told you to, that day twelve years ago, the one when you asked me what you'll do when I am gone.

Here's the answer and I'll be on my way: take from this

final view everything you want to smirk at for the rest of your life, work it on to the grandchildren: the extravagant eyes, the stranger's couture, the surprise in the trousers, the fact your financial future is furled, secured with many trips to the piazza's bank. The empty purple moleskine is currently lost in song ...

all the way to the underworld.

That's what you can do now I am gone.

A former British diplomat, Daniel Roy Connelly is a director, actor and professor of creative writing, English and theatre at John Cabot University and the American University of Rome. He has acted in and directed theatre in America, the UK, Italy and China, where his 2009 production of David Henry Hwang's *M Butterfly* was forced to close by the Chinese secret police.

He was the winner of the 2014 Fermoy International Poetry Festival Prize, a finalist in the 2015 *Aesthetica Magazine* Creative Writing Prize and winner of the 2015 Cúirt New Writing Prize for poetry. His pamphlet *Donkey See, Donkey Do* is published by Eyewear.